पंखुड़ियाँ

(काव्य संग्रह)

रचनाकार : रेणू त्यागी

PG
PUBLICATION

दिल्ली-110089

संस्करण : 2021
ISBN : 978-93-90889-12-9

प्रखर गूँज पब्लिकेशन
एच-3/2, सेक्टर-18, रोहिणी, दिल्ली-110089
दूरभाष : 7982710571, 7838505899, 011-27851059

मूल्य : 200/-

शब्द संयोजन एवं आवरण
प्रखर गूँज

Pankhudiyaan
By : Renu Tyagi

Published by
PRAKHAR GOONJ PUBLICATION
Delhi - 110089
E-mail : prakhargoonj@gmail.com
         sinha.neelu123@gmail.com
011-27851059, 7982710571, 7838505899
Web : prakhargoonjpublicationofficialwebsite.com

दो शब्द

लेखन वही सही होता है, जो सटीक और सार्थकता लिए हुए हो।

मेरे लेखन में मैंने, नवीनता, सार्थकता, और शालीनता का पूरा−पूरा ध्यान रखा है।

इन रचनाओं में भावुकता को साथ लिए, सभी भावनाओं और संवेदनाओं को एक धागे में पिरो कर आप सभी तक पहुँचाने का एक अथक प्रयास किया है।

गहराई से लेकर ऊंचाई तक सभी भावनाओं को भरपूर तरीके से उकेरने का यह अथक प्रयास किया है। आप सभी पाठकों की प्रतिक्रिया मेरे लेखन को मजबूती प्रदान करेगी। आप सभी आदरणीय साथियों के बिना मेरा लेखन बिल्कुल भी संभव नहीं होगा।

धन्यवाद करना चाहूँगी मैं आप सभी आदरणीय साथियों का जिन्होंने भी मेरे शब्द, मन गुँजन, पग पग मरिचिका एवं अनुभूति को पढ़ा और मुझे आगे बढ़ने में प्रोत्साहित किया।

'पंखुड़ियाँ' कविताओं और क्षणिकाओं का दस्तावेज़ है। इसमें कई रचनाएँ मेरे बचपन की डायरी से ली गई हैं और उनकी मौलिकता से बिना छेड़छाड़ किए उसी रूप में पेश किया है। संभव है संग्रह में युवावस्था के भाव और ताज़गी बरकरार है। बढ़ती उम्र के साथ आज की सामाजिक व्यवस्था और वर्तमान परिदृश्य पर भी भाव व्यक्त हुए हैं। आशा है मेरी भावनात्मक रचनाएँ भावी पाठक के अंतर्मन को कुरेदने का काम करेंगी और सौहार्दपूर्ण अनुभूति का संचार करेंगी। इन्हीं शब्दों के साथ...

आपकी
रेणू त्यागी

इस ढाई अक्षर प्रेम नाम शब्द
के साथ,
कितने और शब्द व भावनाएं
जुड़ जाती हैं,
सोचना कभी,
देखना कभी इसकी वो जादूगरी
कैसे...जब ये प्रेम शब्द...
मुस्काता है.....ठहाके लगाता है
आँखों से बतियाता है,
रोता है... तो उदास होता है,
ध्यान, अंतध्र्यान होता है,
चुप होता है तो, कभी अंतर्द्वंद
करता है,
छटपटाता है तो कभी सिमट जाता है
देखना इसे ...ये तड़पाता भी बहुत है
पास आने की ललक तो
कभी दूर जाने का डर इसे सताता है,
बिछोह का तो पूछो ही मत,
जब होता है तो... व्यक्ति मरणासन्न
सा हो जाता है,
सभी इंद्रियां सुन्न हो जाती हैं,
जी कर भी जी नहीं पाता है कोई
ये है तो सब कुछ नहीं तो कुछ भी
नहीं... पल पल मन पुकारता है।

आओ कोई तो धीर धरो,
इस तपन को शान्त कोई तो करो,
इसे अमृत कहें कि जहर पता नहीं
पर इससे इतना मोह हो जाता है
कि हर कोई इसमें डूबना चाहता है
चलों एक बार ही सही।

*****

तुम कल की उम्मीद में
खुश हो...
और हम तुम्हारी
उम्मीद में कल तक
बहुत खुश थे,

खुशियां तो किस्मत की
बात होती है,
वो कब कैसे मिलेंगी
यह तो खुदा जाने
बस यही...हम भूल चुके थे,

तू आबाद रहे
यही दुआ करते हैं
हम कब और क्यों बर्बाद हुए

ऐसी शिकायत न अब
करते है,
जैसे पहले किया करते थे।

*****

मुझे रख के कहीं
खुद ही भूल गया,
वो मुझे...
जमाने से पूछता है
मेरा पता...
इतना भुलक्कड़
कैसे हुआ ??
खुदा जाने।

*****

अंधेरों को रहने दे,
यही तो है जो
मुझे मुझ तक ही
महसूस करते हैं,
उजाले हुए तो

बिखर सा जाता है
वजूद मेरा।

*****

कभी किसी से भी मत
पूछना...कुछ भी
क्योंकि...
इंसान की मजबूरी बहुत है
वो बरगलाएगा बस तुम्हें
वो कारण नहीं बताएगा
केवल बताएगा तो, केवल
दूसरों की कमियां, उन पर
आरोप प्रत्यारोप,
लेकिन वो कहां कहां बिका
कैसे बिका, क्यों बिका
इससे कोई लेना देना नहीं
जो अधिक बिका है वही
समाज का महत्वपूर्ण व्यक्ति
ठहरा,
उसे न जाने कितनी बार
खरीदा बेचा गया... उसकी कीमत
हर कोई क्या जानेगा

एक उम्मीद तो उसकी भी होगी
कल को वो भी तो बोली
लगाएगा, जब कोई बिकने आएगा,
इंसान तो बस दो ही हैं,
एक बेचनहार है दूसरा खरीदार है,
यहां तो ये मंडी है,
जिस्म के रूप में सब रंडी हैं।

*****

हाथों की लकीरें
अधूरी हैं कि पूरी
जन्म देने वाली माँ
को भी पता नहीं
होता है...
मगर... जब जब बच्चा
रोता है...
बस...माँ को दर्द जरूर
होता है।

*****

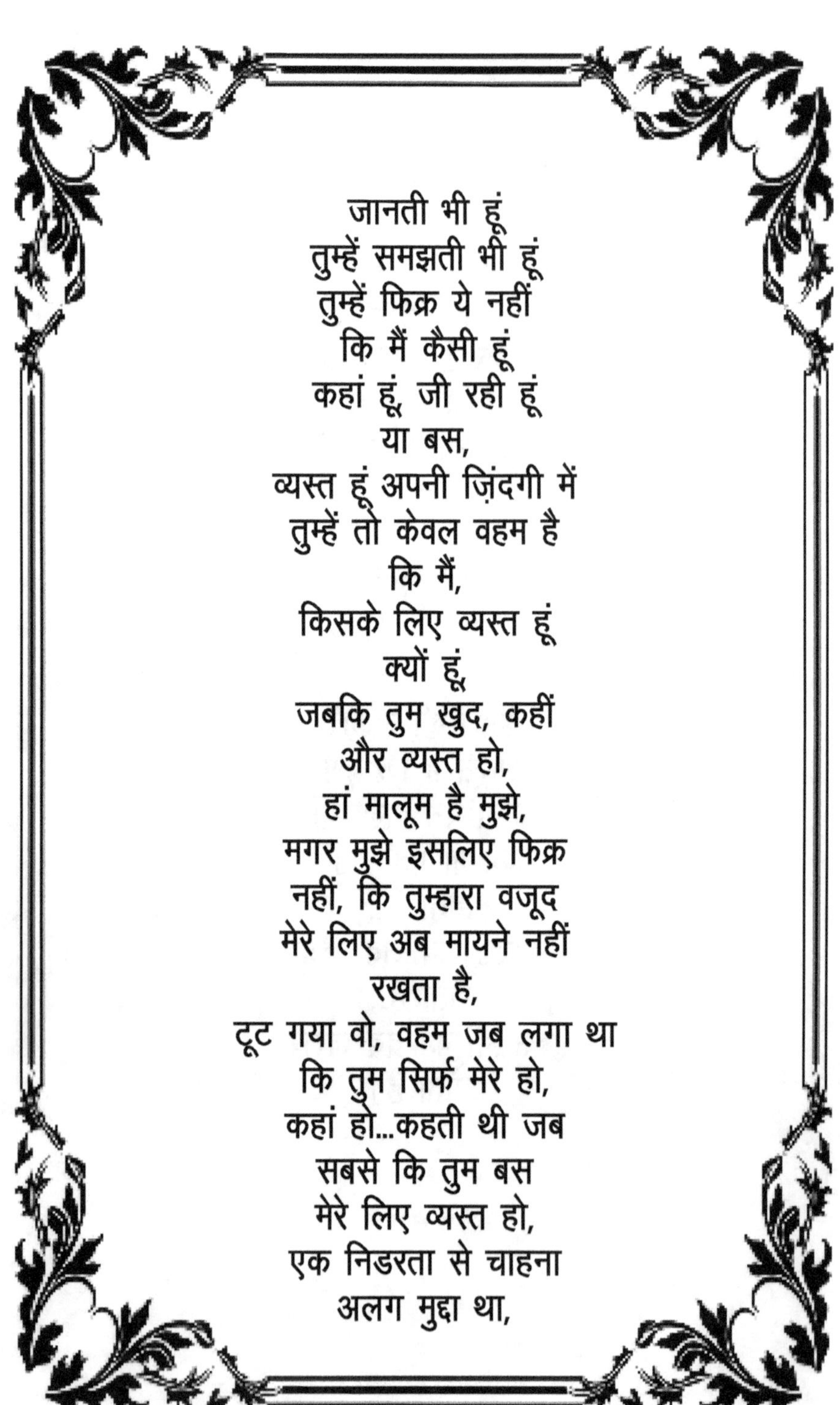

जानती भी हूं
तुम्हें समझती भी हूं
तुम्हें फिक्र ये नहीं
कि मैं कैसी हूं
कहां हूं, जी रही हूं
या बस,
व्यस्त हूं अपनी ज़िंदगी में
तुम्हें तो केवल वहम है
कि मैं,
किसके लिए व्यस्त हूं
क्यों हूं
जबकि तुम खुद, कहीं
और व्यस्त हो,
हां मालूम है मुझे,
मगर मुझे इसलिए फिक्र
नहीं, कि तुम्हारा वजूद
मेरे लिए अब मायने नहीं
रखता है,
टूट गया वो, वहम जब लगा था
कि तुम सिर्फ मेरे हो,
कहां हो...कहती थी जब
सबसे कि तुम बस
मेरे लिए व्यस्त हो,
एक निडरता से चाहना
अलग मुद्दा था,

अब तुम्हारे बहानों के साथ
कौन जिए यहां,
वक्त नहीं है, मुझे भी किसी
बेवक्त के लिए,
इसलिए ...
अब तुम आजाद हो।

*****

अभी बहुत हैं, चाहने वाले
उसके,
हमारी याद अभी नहीं आएगी
उसे...
दिल्लगी और दिल की लगी
में फर्क बहुत होता है।

*****

न जाने कितने फूल टूटते हैं,
दिलो को जोड़ने में
और,
दिल हैं, कि जुड़ते नहीं,

सदियों से सिलसिला जारी है,
फूल फिर भी दिल पर भारी हैं,
देख लो।

*****

किसी भी मजहब में
अभी तक सलीका
नहीं इबादत का,
ख्याल बस दुनियादारी
का ही रहता है,
रूह भटकती है,
यहां वहां...
इंसान कुदरत से दूर
जा बैठा है,
जुबां पर रहती हैं
आयतें...
सब कुछ पढ़कर भी
इंसान
अनपढ़ सा बना रहता है।

*****

मेरे मुस्कुराने पर भी
एतराज था तुम्हें,
शायद!
तुम्हें मालूम ही नहीं
था,
तुम्हारे ही लिए तो
मुस्कुराते थे हम
इस दुनियां से क्या
लेना था हमें।

*****

शायद !
वो मुझे याद ना
करे अब...
उम्मीद तो है
कोई आये और
उसे ले जाये
मुझसे भी कोई
बेहतर...
कभी दूर से देखूं
उसे मुस्कुराते हुए
तो लगे...
हां... अब चैन ओ

करार आया,
किसी के साथ तो
वो मुस्कुराया।

*****

इस दो रोटी को कमाने के लिए
क्या क्या ना सहे, सितम
इस दुनियां के,
बस बढ़ती रही भूख और भी
इस खाली से जिस्म में
ना जाने इसे इतना क्यों चाहिए
वो जो अपना है भी नहीं,
सब कुछ मिलने के बाद भी
एक लालच, कसक, उम्मीद
बहुत ही बेदर्द है बेशर्म है यह
जिस्म...
खुद के बोझ से ही निजात
नहीं इसे...
फिर भी समेटता है, रातदिन
औरों के कबाड़ को,
भर लेता है, सब कुछ अपने
भीतर, फिर भी भूखा है,

मुँह फाड़े झपटता है, एक दैत्य
सा ...
ना भरेगा पेट इसका, यह जिस्म एक
आग है जो बस फैलती है,
ना बुझने के लिए, और
उम्मीद भी मत करना, इससे कभी
क्योंकि, यह भस्मासुर है।

*****

कहते हैं, रूह
मरती नहीं कभी,
सुना तो यह भी है कि
लोग मरने तलक
बहुत कुछ अपने
सीने में दबाये
रखते हैं...,
शायद !!
मैंने भी कुछ तमन्नाएं
कुछ अधूरी सी उम्मीदें
दबा रखीं हैं,
अपने सीने में...,
दुआ करती हूं, हर दिन

हर पल...कि वे
अगले जन्म जरूर पूरी हों
जो अब तक ना कही,
तुमसे कह सकूं
मैं।

*****

प्रतिमाएं ऊंची हो गई हैं,
पर श्रद्धा छोटी ही रह गई
मंदिर महल हुए,
घर घर ना रहे, लोग संकीर्ण
हो चले हैं, अनपढ़ से कुछ
लोग बोझ जीवन का
ढो रहे हैं, गांव के घरों से
निकलकर लोग शहरों में
आ बसे, किराए के घर
झोपड़ियों में बदल गए हैं,
सम्बन्धों की बात करते हैं
पर निभाते नहीं बस, कुछ
पराए लोगों से अपेक्षा–उपेक्षा
जता रहे हैं,
ढल जाएगी रात भी यूंही

उहापोह में, सपने टूट रहे हैं
यहां,
जोड़ने के नाम पर तोड़ रहे हैं
एक दूसरे को,
ना जाने कब समझ आएगी
तब तक बिखर चुके होंगे सब
यहां।

*****

साजिश सी हुई है कहीं
शायद !
तभी हवा बदली है,
खुशबू फूलों की बहुत
थी इसमें सुबह तक
मगर !
अब कुछ गदली सी है,
शजर भी है यहीं पास में
आसमां भी घिरा है
रोशनी से...
समंदर खामोश है,
लगता है... कोई बदली
बैचेन होकर बरसने
वाली है.....

मुड़ मुड़ देखे, मोह की मारी
बाबुल तोहरी चिड़कली
हजारों बार...
सखियों से गले मिल मिलकर
याद करे बचपन का प्यार...
बाबा मोरे दीन्हो विदाई
मोरे पी की नगरिया सजे हैं
वंदनवार...
देखो प्रियतम मुझे, कैसे
सजाकर भेजी
छोड़ा अब बाबुल का
द्वार
हर सिंगार करके मैं
चली आई अब
पी के द्वार...
महावर रचा कर आई
चूड़ियां खनकी, टीका
झूमा, बिंदिया ने करी
पुकार...
मेहंदी का रंग, हाथों पर
नथनी डोले बार बार...
कानों का झुमका, वेणी
से उलझे, कजरा बहे
अंसुवन की धार...

चुनरी उड़ाये पवन बावली
पायल बिछिया छनके बारम्बार
स्वप्नों के संसार से मैंने
बांध ली डोरी जन्म जन्म की
जैसे हो गई मैं भव से पार।

*****

मुरझाए हुए
फूल
अब किताबों में
कहां मिलते हैं,

चलन फूलों का
बन्द हुआ यहां
मतलबी सा हुआ
सारा जहां...
लोग अब दिल से
ही कहां मिलते हैं,

जमाने गए
लोग बदले यहां
कागजी फूलों से

दिल बहलाते है यहां
इस चमन में अब वो
महकते गुलाब
कहां खिलते हैं।

*****

कश्मीर के दरख्तों में,
हरयाली तो खूब है,
मगर रास्ते,
तन्हाईयों से भरे हैं,

कौन
छाँव में बैठेगा इनकी
हर इंसान सहमा सा है,
पंछी डरे डरे हैं।

*****

नैहर छूटा, अपने छूटे
छूट गया, घर आंगन मेरा

रतिया बीती, नयनों में
ले स्वप्नों की बारात सखी
चली मैं, परायो में,
एक ड्योढ़ी पार करी,
पिता की
दूजी ड्योढ़ी पर आलेख सजे
मिलन हुआ, दो परिवारों का
बाजे गाजे संग सुर ताल मिले
आमंत्रण निमंत्रण के बीच
सखी री...जा पहुंची ससुराल
ननद सास सभी ने मिलकर
किया मेरा सत्कार,
रात्रि बेला जब हुई, नयनों में
सजे स्वप्न नए...,
पी के मिलन को चली जब मैं,
पायल घुंघरू छनक गए,
कजरा बहका, गजरा महका,
टीका भी कुछ डोल गया,
करधनी से लेकर जब कंगन कंगन
बोल उठा,
माथे पर बिंदिया सिहर उठी,
रोम रोम पुलकित हुआ,
पी की मुस्कान देख सखी,
सुधि बिसर गई, अस्तित्व की
आलिंगन प्रेम का, चित्त को भुला गया
मूक दर्शक बनी जब मैं,

खुल खुल गई, केश वेणी सखी
प्रेम भावना ऐसी बरसी कुछ
भी सुध ना रही सखी
संवादों को छोड़ जब मैं मौन हुई
तब तब मेरी अखियां मानो
बोल पड़ी थीं, ओ री सखी
कैसे कहूँ मैं, जी की बतियां,
कैसे बीती रतिया,
आवत मोहे लाज सखी।

*****

सब अजनबी हैं
इस जहां में
तू कौन और
मैं कौन,
बस, एक अनदेखी
डोरी है कोई
जिसे
अहसास कहते हैं
वही है जो
कुछ बांधे रखती
है, यहां
नहीं तो तू कौन
और मैं कौन।
*****

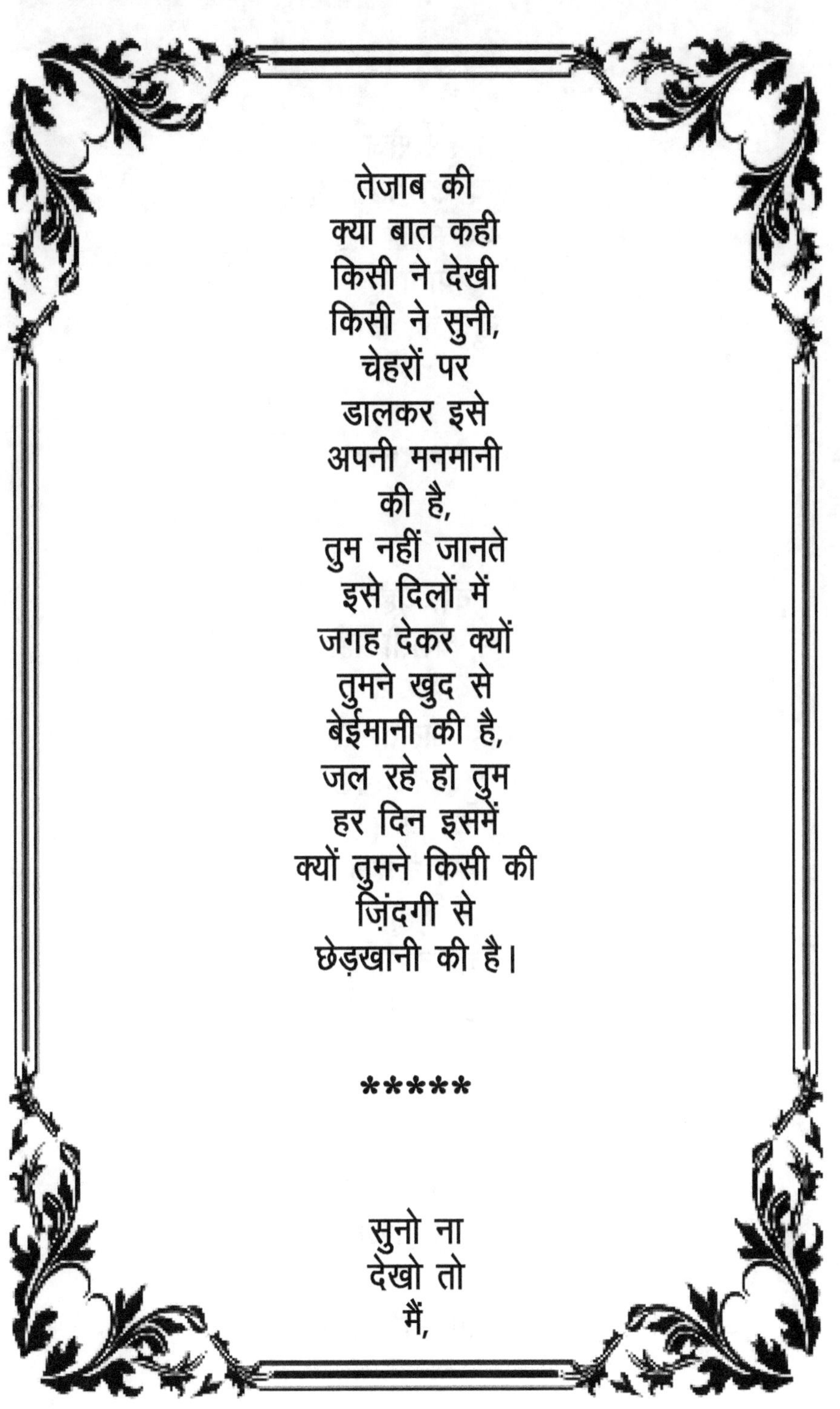

तेजाब की
क्या बात कही
किसी ने देखी
किसी ने सुनी,
चेहरों पर
डालकर इसे
अपनी मनमानी
की है,
तुम नहीं जानते
इसे दिलों में
जगह देकर क्यों
तुमने खुद से
बेईमानी की है,
जल रहे हो तुम
हर दिन इसमें
क्यों तुमने किसी की
ज़िंदगी से
छेड़खानी की है।

*****

सुनो ना
देखो तो
मैं,

हर रोज
खुद को पढ़ती हूं
पर समझ नहीं
पाती हूं
खुद को कभी।

*****

बस यूंही...
मैं, चलती रही
और ये
जहां जलता रहा,
खुद का होश
था किसे...
बस कारवां
यूंही
चलता रहा,
डगमगाए से
कदम थे सबके
फिर भी
हर कोई
संभलता रहा।
मनन...रिश्ते

रिश्तों का क्या है

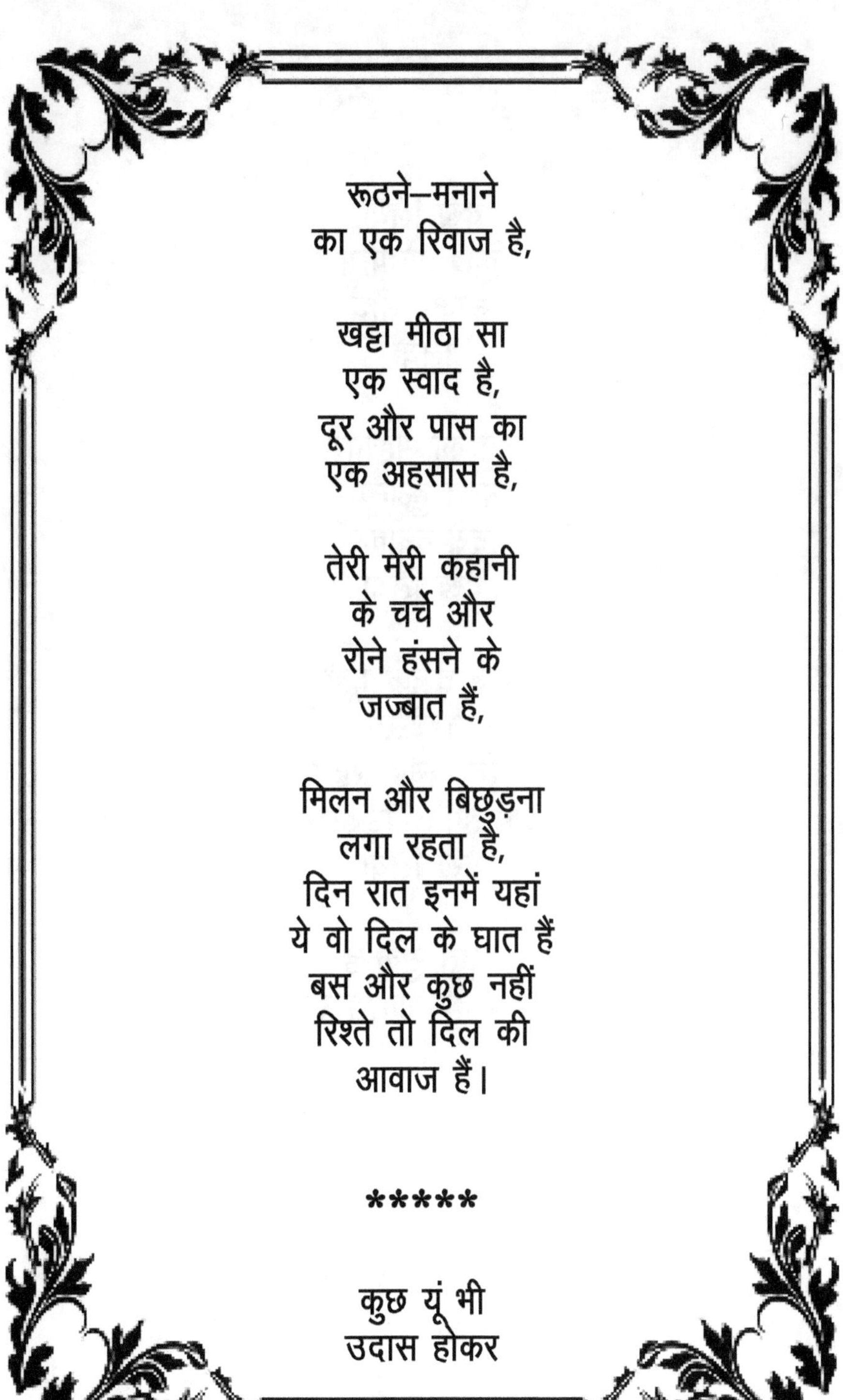

रूठने–मनाने
का एक रिवाज है,

खट्टा मीठा सा
एक स्वाद है,
दूर और पास का
एक अहसास है,

तेरी मेरी कहानी
के चर्चे और
रोने हंसने के
जज्बात हैं,

मिलन और बिछुड़ना
लगा रहता है,
दिन रात इनमें यहां
ये वो दिल के घात हैं
बस और कुछ नहीं
रिश्ते तो दिल की
आवाज हैं।

*****

कुछ यूं भी
उदास होकर

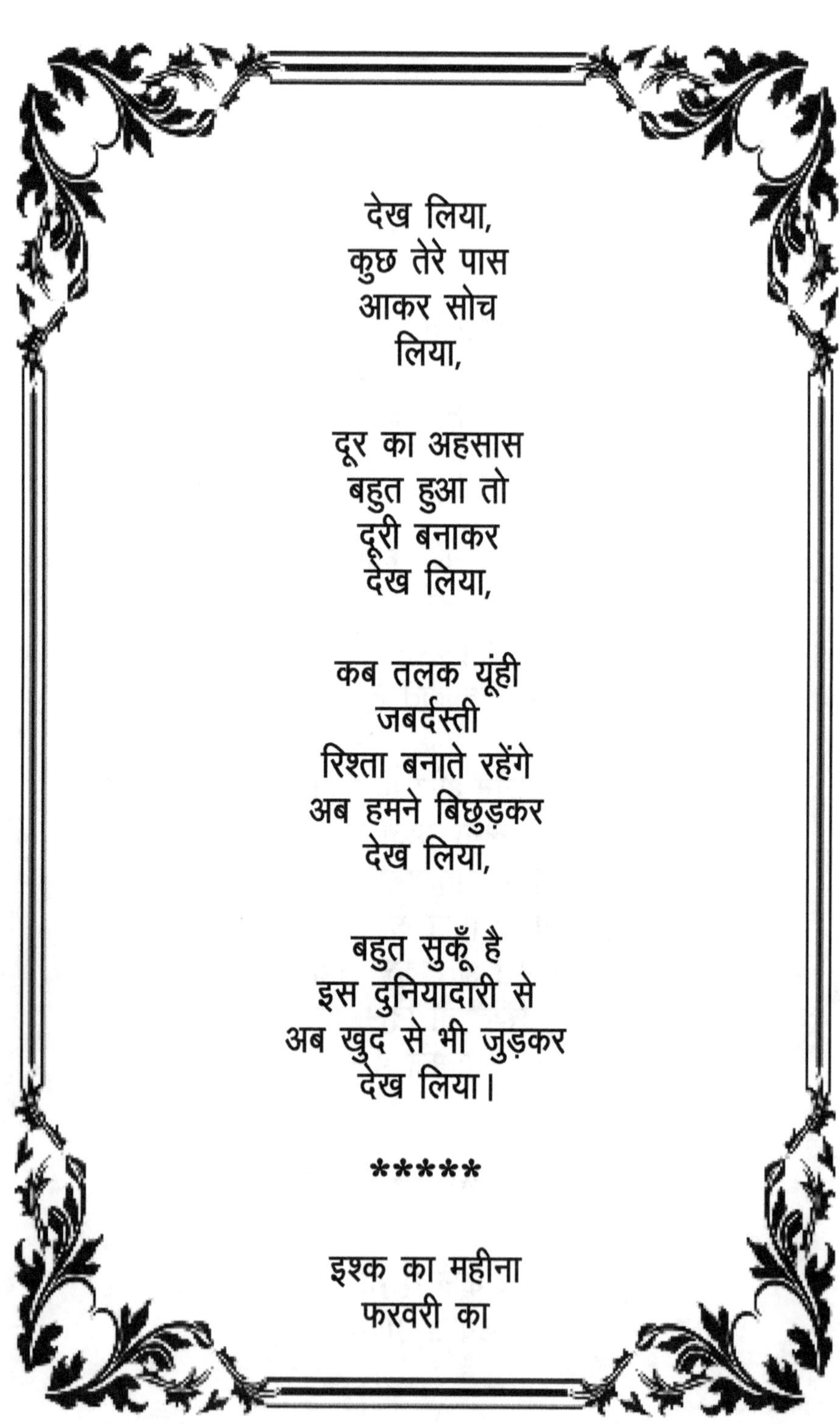

देख लिया,
कुछ तेरे पास
आकर सोच
लिया,

दूर का अहसास
बहुत हुआ तो
दूरी बनाकर
देख लिया,

कब तलक यूंही
जबर्दस्ती
रिश्ता बनाते रहेंगे
अब हमने बिछुड़कर
देख लिया,

बहुत सुकूँ है
इस दुनियादारी से
अब खुद से भी जुड़कर
देख लिया।

*****

इश्क का महीना
फरवरी का

मगर मैं तो
जनवरी में ही
थम गई हूं
उम्मीद नहीं थी
इश्क की
इसलिए यही
बेहतर लगा मुझे
बस सर्दी, जनवरी,
मैं...में जम सी
गई हूं।

*****

मौसम बंजारा है
डालियों पर बैठा
हुआ परिंदा हो
जैसे...
उड़ती बिखरती
पत्तियों में
यहां वहां
उड़ता फिरता है
बिल्कुल
तुम्हारे जैसे...
यकीं नहीं है

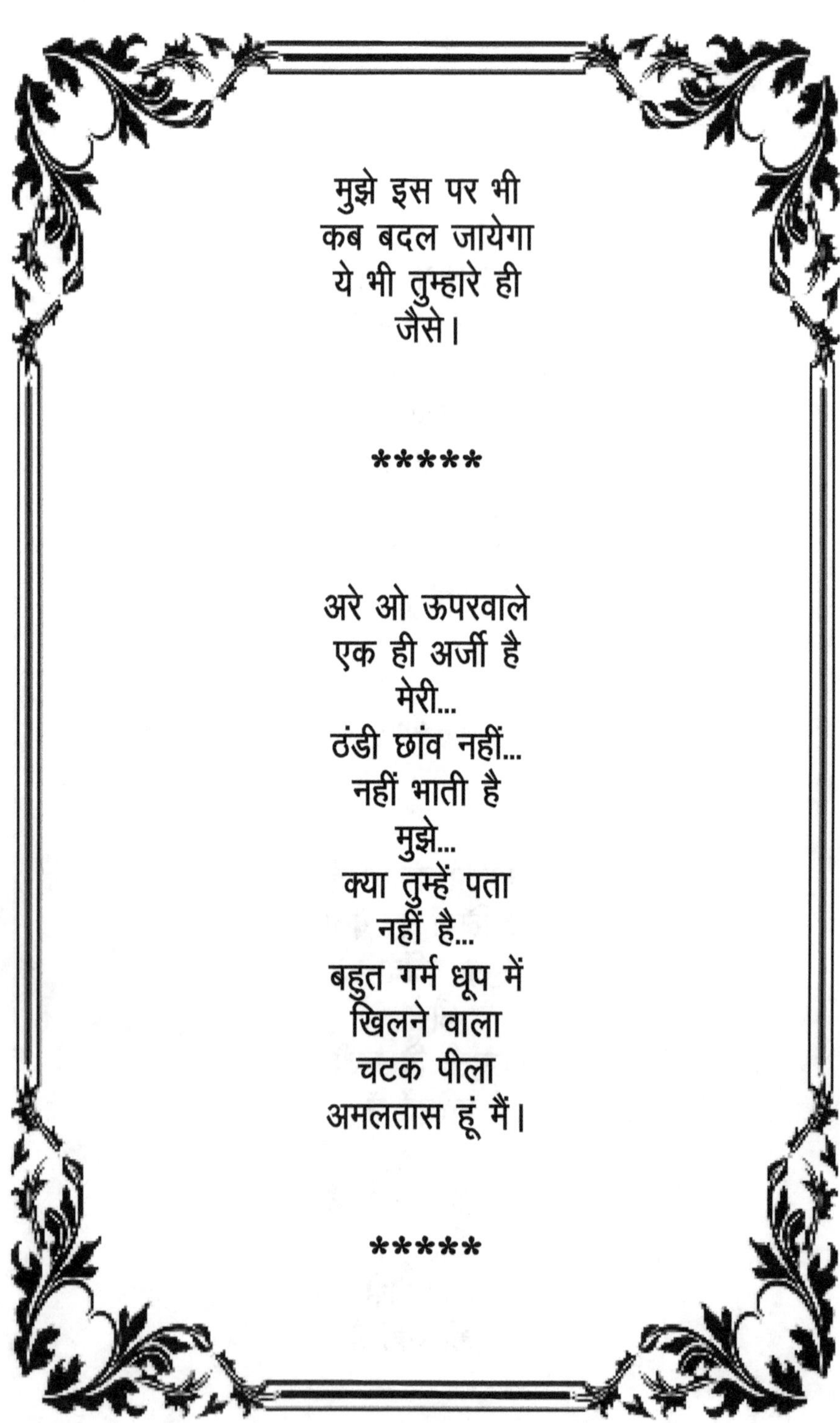

मुझे इस पर भी
कब बदल जायेगा
ये भी तुम्हारे ही
जैसे।

*****

अरे ओ ऊपरवाले
एक ही अर्जी है
मेरी...
ठंडी छांव नहीं...
नहीं भाती है
मुझे...
क्या तुम्हें पता
नहीं है...
बहुत गर्म धूप में
खिलने वाला
चटक पीला
अमलतास हूं मैं।

*****

जल्दी में थे
कुछ अपने
जो चले गए,
अकेला, छोड़कर
और
छोड़ गए
बस यादों का
झमेला,
अब सिसकते
रहो उम्रभर।

*****

वादों की महक
से ही ज़िंदगी
मजबूत होती है,
मगर टूटने पर
वादों के
यही ज़िंदगी
नासूर होती है,
उम्र भर फिर
इन वादों की
किरीच से
दिल में चुभन

होती है,
जगती नहीं ज़िंदगी
फिर जीते जी
मौत के करीब
सोती है।

*****

सच है तो है...

तसल्ली
ना दिया करो
तुम हमें,
झूठे तुम भी नहीं
और झूठ मैं
भी नहीं,
मालूम हम दोनों को
है तो है

सच तो यही है कि
राह जुदा है तो है
फिर
किस्मत में मेरी
तुम भी नहीं

तुम्हारी किस्मत
में और सही
बस एक सच यही
है तो है।

*****

खुद में बिखरे
जरूर थे हम
पर तुझे तकलीफ
नहीं दी,
दुआ यही रही
तू खुश रहे
आबाद रहे,

बहाने बहुत से
चुने मैंने,
खुद के लिए
गम नहीं,
पर तेरे लिए
हकीकत से
रूबरू रहे,

मालूम तो था

मुझे कि तू
मतलबी है
तू सोचता रहा
गैरों के लिए
पर देख
हम तुझे
सोचते रहे।

*****

जो लोग
मुझे गलत
कह गए,
उन्हें जाते–जाते
मुस्कुराकर
मैंने भी
कह दिया

अपने ही हो
अब
तुम्हारा भी क्या
बुरा मानूँ।

*****

देखो ना
कितना
समझाया तेरे–मेरे
अपनों ने मुझे
कि तू बेवफा है
पर दिल था
के मानने को
तैयार ही नहीं था
फिर भी
तेरी बेवफाई पर
यकीं कर ही बैठा।

*****

रुककर भी
क्या करते
किसी मोड़ पर
क्यों और
किसका इंतजार
करते,
वो तो कब का
जा चुका था
हमें छोड़कर।
*****

वो चला गया
इज़हार ए इश्क़
करके,
वादे करके
फिर मुकर भी गया
खेल गया,
जज़्बातों से
और
अहसास मार गया,
उसके बाद कौन
रोया सिसकियों में
ज़िंदगी को
तड़पता
छोड़ गया
वो
बड़ी जल्दी में था
शायद !!

*****

सुबह का
वक्त
बहुत कुछ लेकर
आता है,

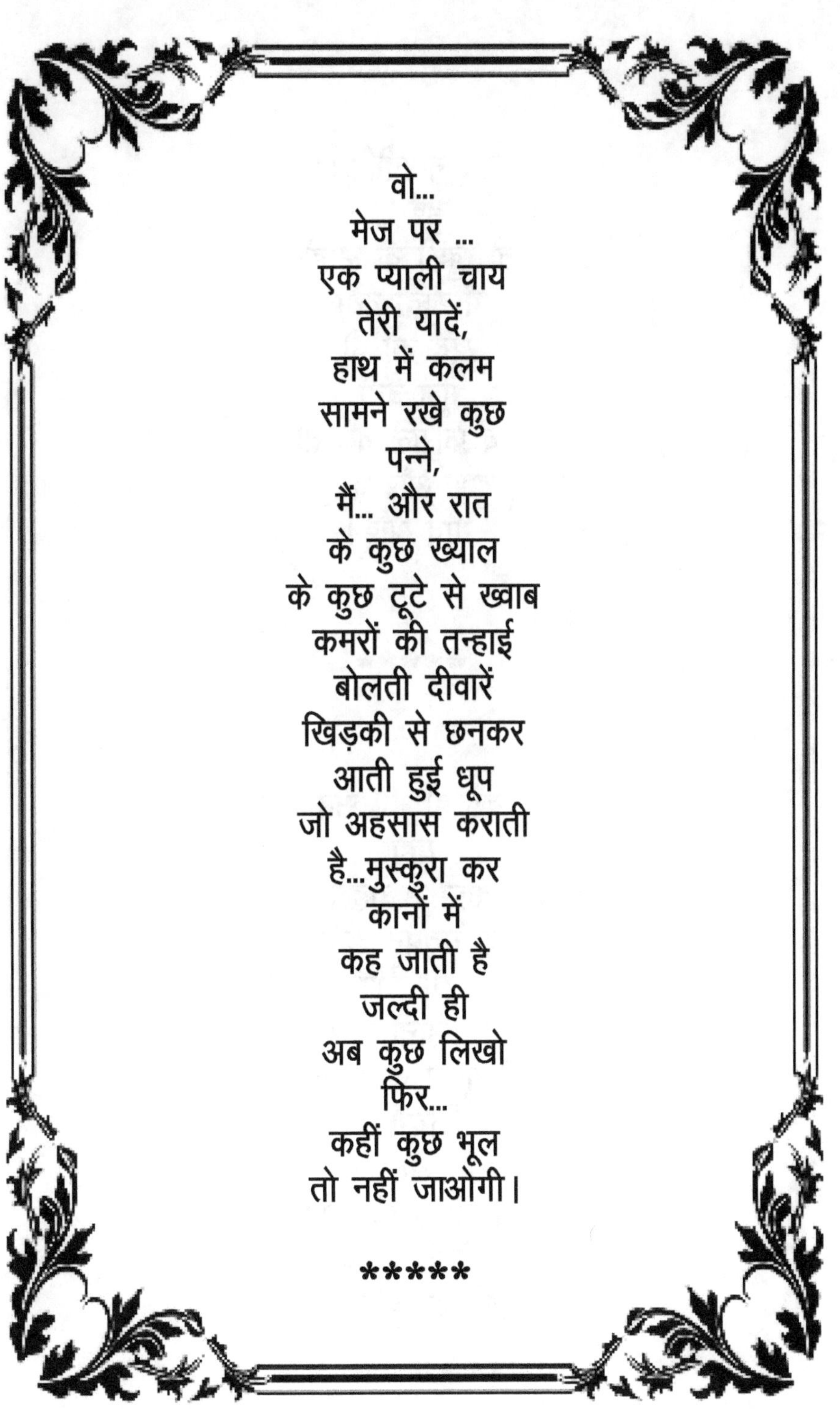

वो...
मेज पर ...
एक प्याली चाय
तेरी यादें,
हाथ में कलम
सामने रखे कुछ
पन्ने,
मैं... और रात
के कुछ ख्याल
के कुछ टूटे से ख्वाब
कमरों की तन्हाई
बोलती दीवारें
खिड़की से छनकर
आती हुई धूप
जो अहसास कराती
है...मुस्कुरा कर
कानों में
कह जाती है
जल्दी ही
अब कुछ लिखो
फिर...
कहीं कुछ भूल
तो नहीं जाओगी।

*****

जब नजदीकियां
हुई ...
तो खुशी के लम्हों
में खुदा क्या
खुद को भी
भूल बैठी
जब फासले बढ़े तो
दुआ और दवा
याद आई।

*****

बड़े हो गए सब
यहां,
वक्त से पहले
वो बचपन कहीं
गुम हुआ
जब कहानी किस्सों
में गुजर जाती थी
ज़िंदगी...
अब
जवानियाँ ढलने लगी हैं
जल्दी ही बुढ़ापे में,
चेहरों पर झुर्रियों के

पहरे लगने लगे हैं
वो भी कहीं वक्त
से पहले ज़िंदगी में
अब मर रहे हैं सभी
जी कौन रहा है
तू बता ए ज़िंदगी।

*****

माँ
तो माँ ही ठहरी
चाहे वो
अपनी हो
या किसी दुश्मन की
अमीर की हो चाहे
गरीब की
माँ के भाव
कभी बदलते नहीं
उस ईश्वर ने बस
एक माँ ही
ऐसी बनाई जो
सबके भावों को
समझती है,
वो अपने बच्चों में

परोसती है, प्रेम
स्नेह—आदर सत्कार,
क्रोध, भूख प्यास
अपनानपन, आंसू
खुशी, त्याग, समर्पण
और अपना सबसे
कीमती
आशीर्वाद।

*****

सुनो ना
आओ तो
कुछ तन्हाई
लेकर आना
और
फुर्सत भी थोड़ी
सी,
दोनों को जैसे
सदियां गुजर गई
एक दूसरे से
मिले हुए,
मिलेंगे ना उस
रसोई में

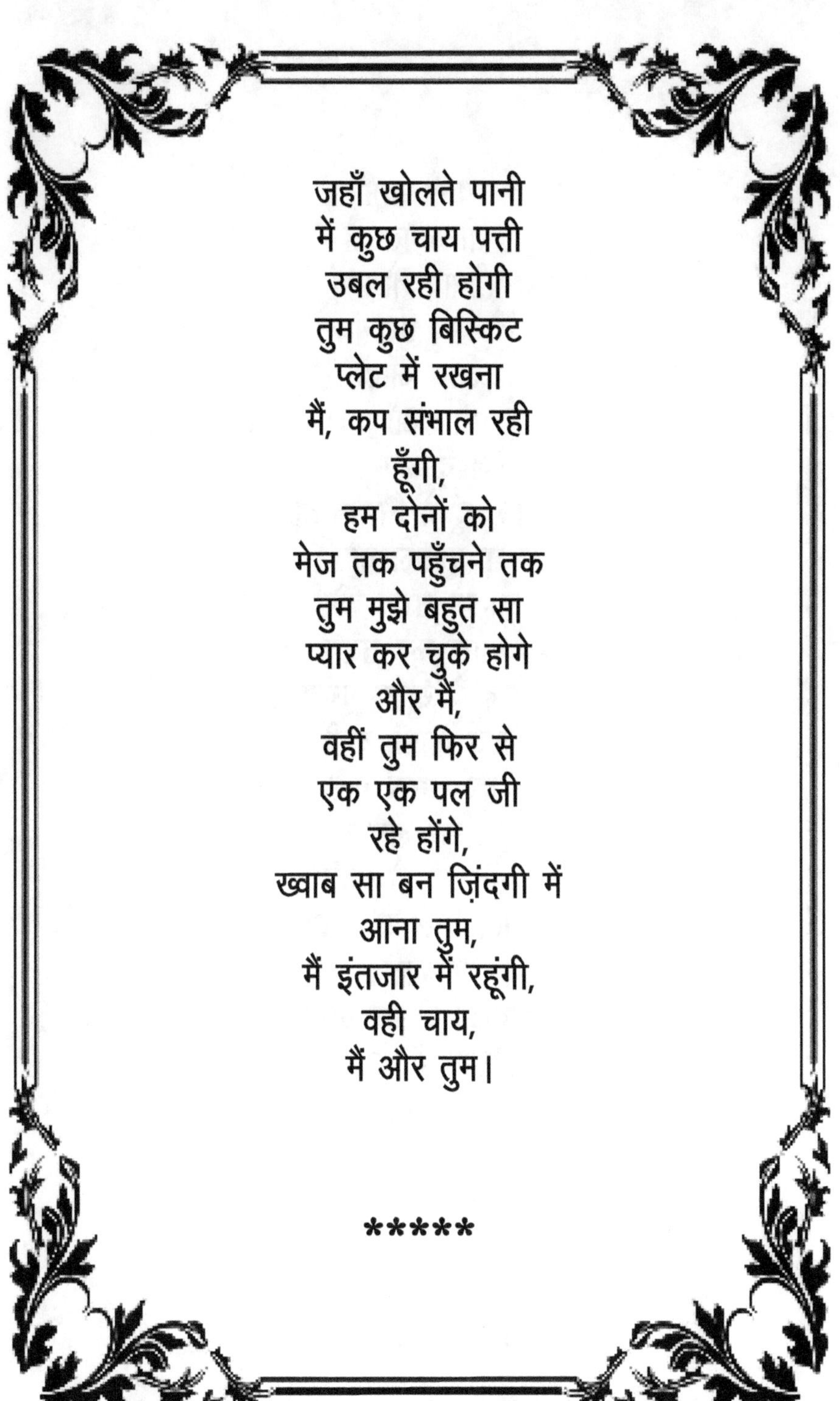

जहाँ खोलते पानी
में कुछ चाय पत्ती
उबल रही होगी
तुम कुछ बिस्किट
प्लेट में रखना
मैं, कप संभाल रही
हूँगी,
हम दोनों को
मेज तक पहुँचने तक
तुम मुझे बहुत सा
प्यार कर चुके होगे
और मैं,
वहीं तुम फिर से
एक एक पल जी
रहे होंगे,
ख्वाब सा बन ज़िंदगी में
आना तुम,
मैं इंतजार में रहूंगी,
वही चाय,
मैं और तुम।

*****

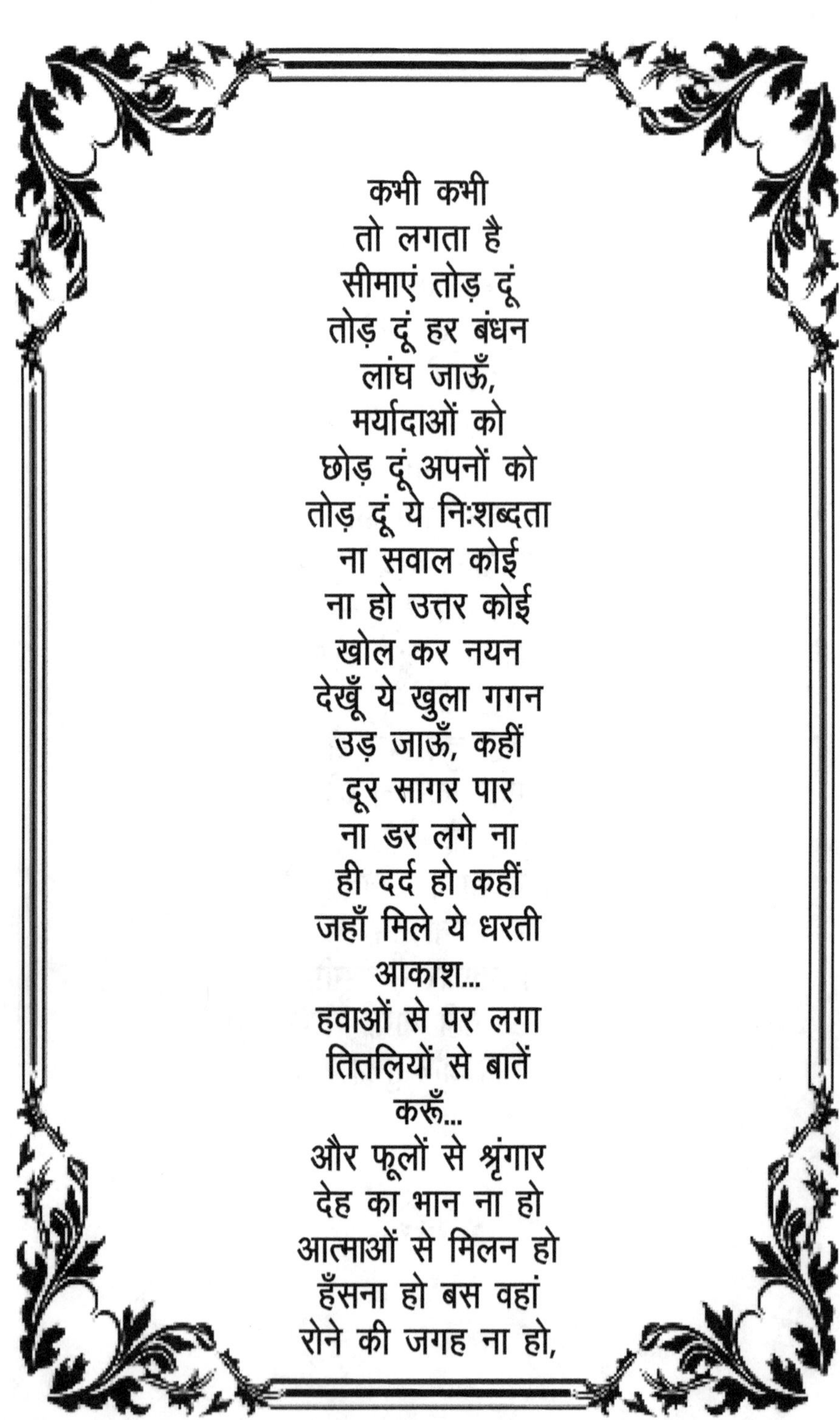

कभी कभी
तो लगता है
सीमाएं तोड़ दूं
तोड़ दूं हर बंधन
लांघ जाऊँ,
मर्यादाओं को
छोड़ दूं अपनों को
तोड़ दूं ये निःशब्दता
ना सवाल कोई
ना हो उत्तर कोई
खोल कर नयन
देखूँ ये खुला गगन
उड़ जाऊँ, कहीं
दूर सागर पार
ना डर लगे ना
ही दर्द हो कहीं
जहाँ मिले ये धरती
आकाश...
हवाओं से पर लगा
तितलियों से बातें
करूँ...
और फूलों से श्रृंगार
देह का भान ना हो
आत्माओं से मिलन हो
हँसना हो बस वहां
रोने की जगह ना हो,

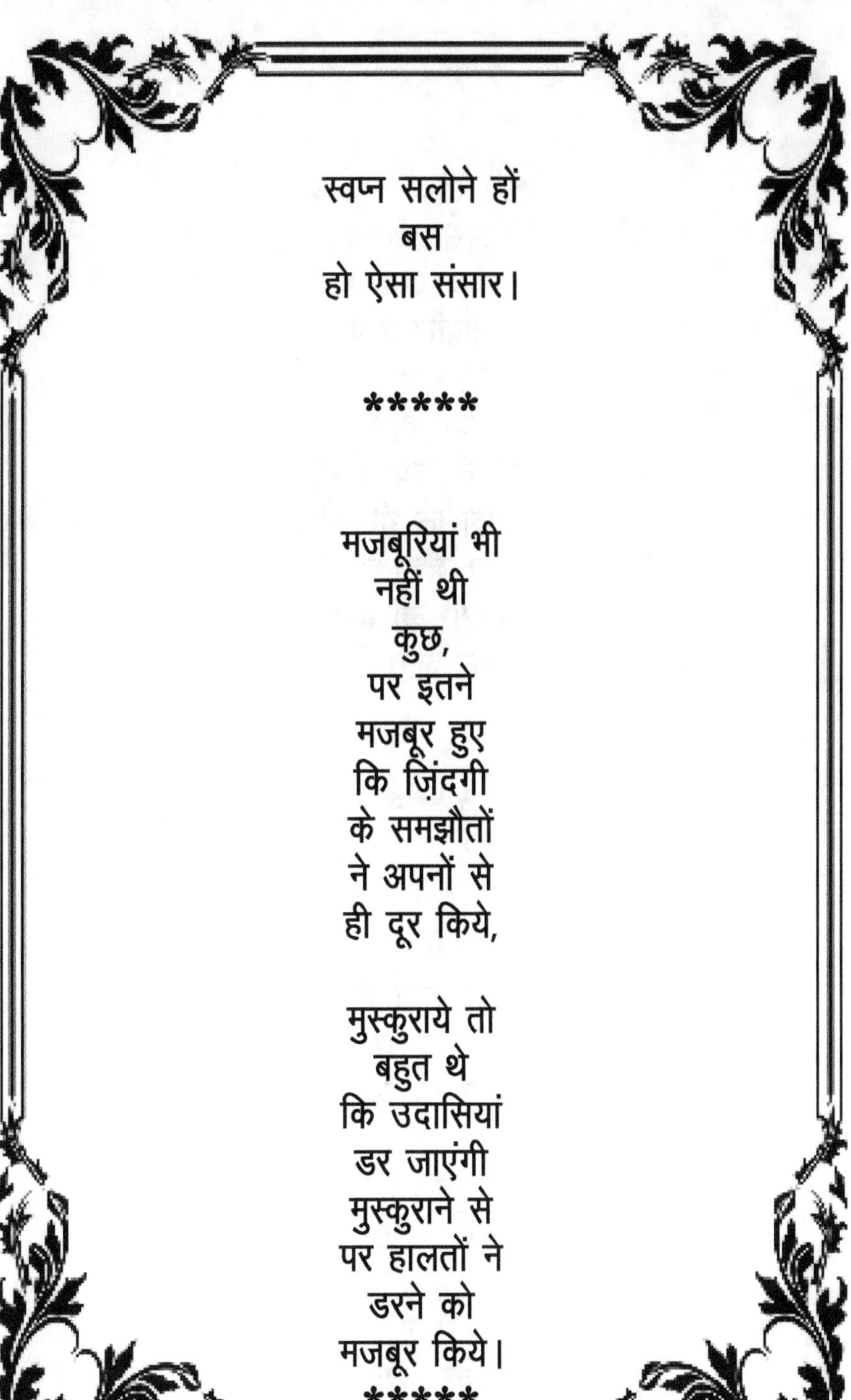

स्वप्न सलोने हों
बस
हो ऐसा संसार।

*****

मजबूरियां भी
नहीं थी
कुछ,
पर इतने
मजबूर हुए
कि ज़िंदगी
के समझौतों
ने अपनों से
ही दूर किये,

मुस्कुराये तो
बहुत थे
कि उदासियां
डर जाएंगी
मुस्कुराने से
पर हालतों ने
डरने को
मजबूर किये।

*****

कभी सोचा नहीं था
तुझसे इश्क हो
जाएगा,
सवाल होंगे
और जवाब भी
देने होंगे,
नजदीकियां होंगी
तो फासले भी बढ़ेंगे
कुछ हादसे
ज़िंदगी को बेजार
कर जाते हैं।

*****

मेरी एक
अनसुनी सी
आह पर,
रात भर ख्वाब
में
तुम बेचैन
तो जरूर
हुए होंगे,
मगर...
फिर करवट

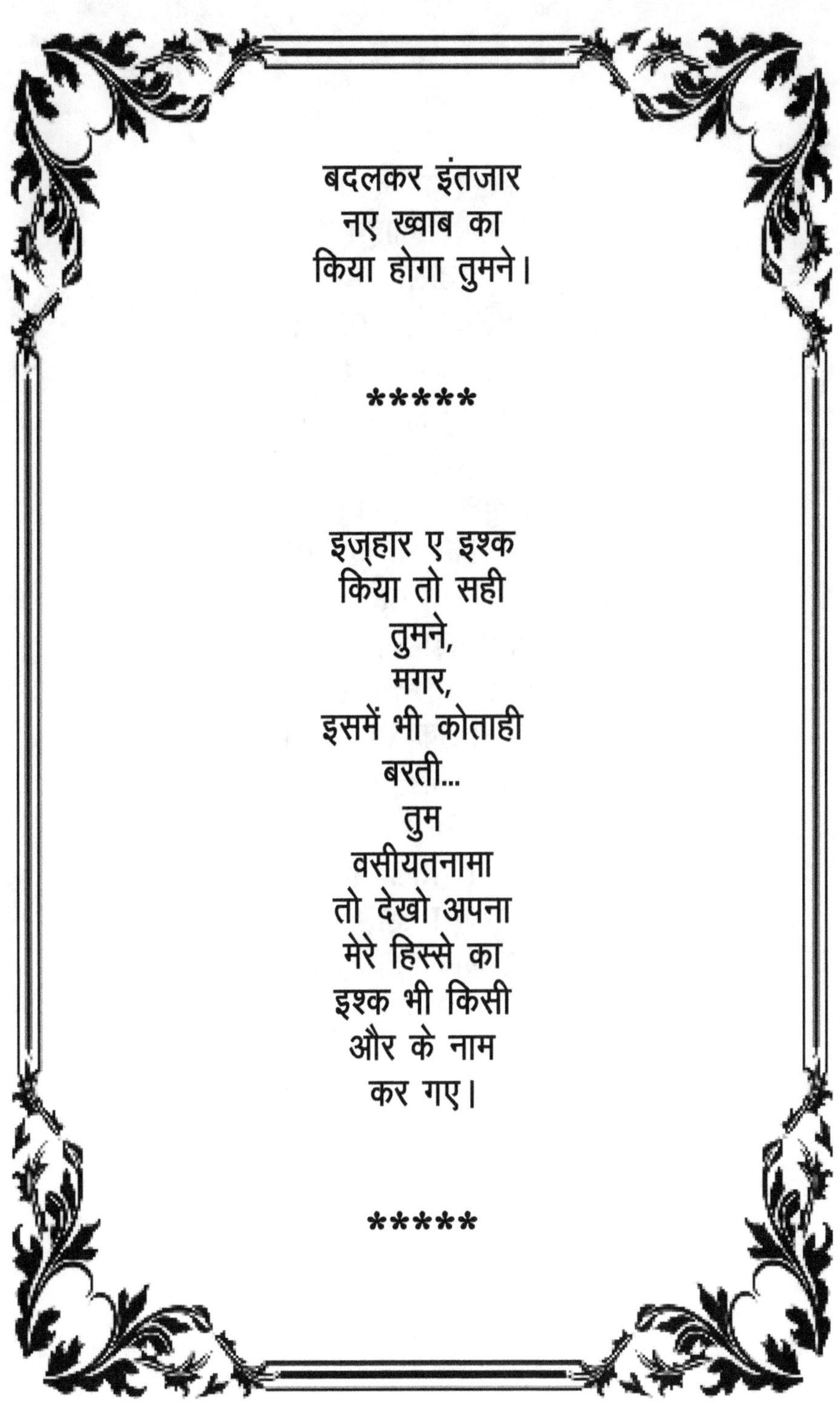

बदलकर इंतजार
नए ख्वाब का
किया होगा तुमने।

*****

इज़्हार ए इश्क
किया तो सही
तुमने,
मगर,
इसमें भी कोताही
बरती...
तुम
वसीयतनामा
तो देखो अपना
मेरे हिस्से का
इश्क भी किसी
और के नाम
कर गए।

*****

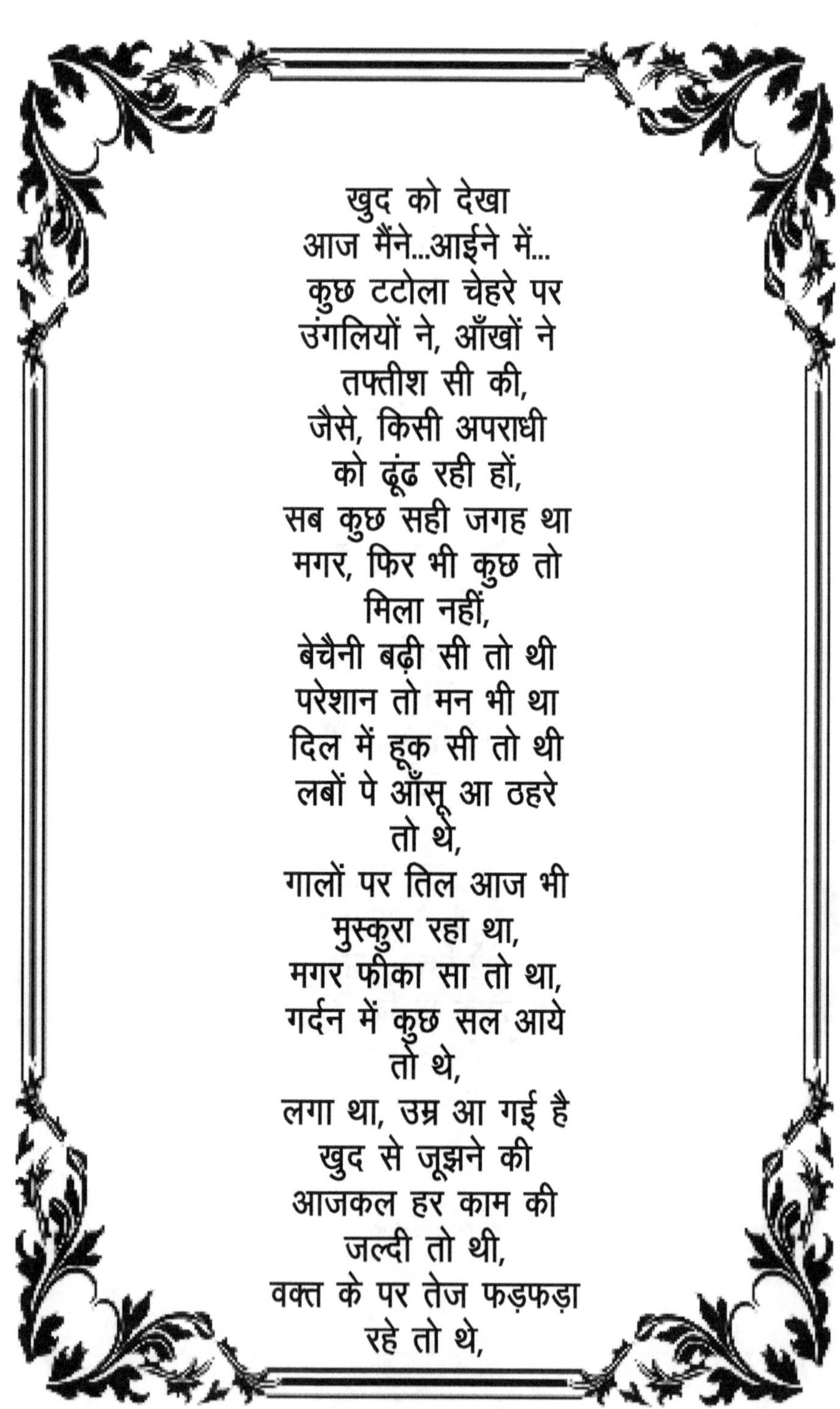

खुद को देखा
आज मैंने...आईने में...
कुछ टटोला चेहरे पर
उंगलियों ने, आँखों ने
तफ्तीश सी की,
जैसे, किसी अपराधी
को ढूंढ रही हों,
सब कुछ सही जगह था
मगर, फिर भी कुछ तो
मिला नहीं,
बेचैनी बढ़ी सी तो थी
परेशान तो मन भी था
दिल में हूक सी तो थी
लबों पे आँसू आ ठहरे
तो थे,
गालों पर तिल आज भी
मुस्कुरा रहा था,
मगर फीका सा तो था,
गर्दन में कुछ सल आये
तो थे,
लगा था, उम्र आ गई है
खुद से जूझने की
आजकल हर काम की
जल्दी तो थी,
वक्त के पर तेज फड़फड़ा
रहे तो थे,

बात कम सी हो तो गई थी
खामोशियों ने हर खिड़की पर
पर्दे डाल तो दिये थे,
वक्त जैसे चेहरे पर उतरा
तो था,
बहुत ही कम सा,
क्या कुछ समय रह गया
था जाने का,
मेरे जाने से क्या फर्क
पड़ेगा यहां,
लगातार ये मंथन चल
तो रहा था,
बस एक विचार ने मनोबल
बढ़ाया तो था,
आये हैं तो जाना भी है
मुसाफिर कब रुके हैं
मंजिल से पहले,
बस मुस्कुरा कर
आईने पर ही पर्दा डाल
अपने काम में मशरूफ
रहना ही ज़िंदगी तो है
जब वक्त आएगा लेने
तो साथ हम भी चल
पड़ेंगे।

*****

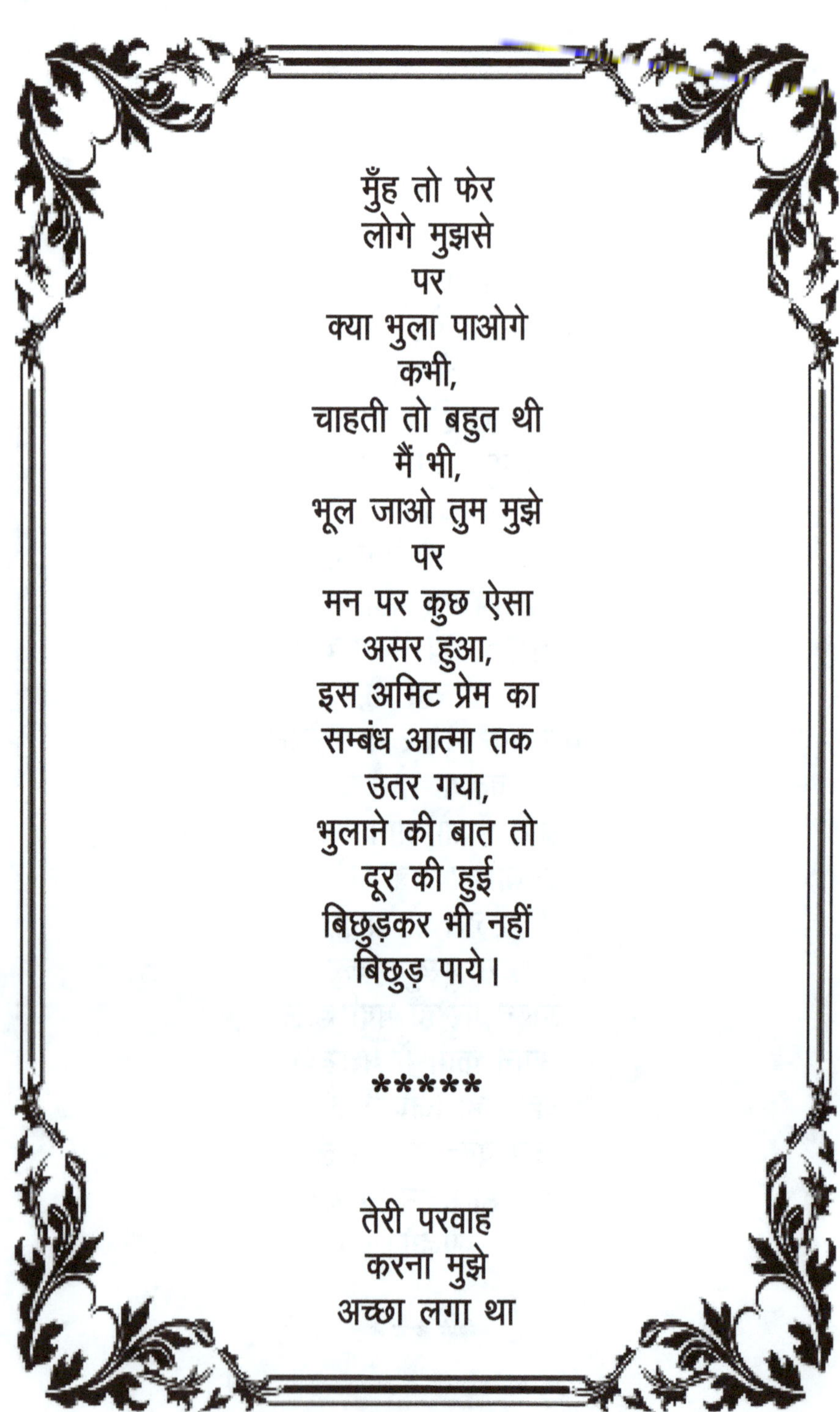

मुँह तो फेर
लोगे मुझसे
पर
क्या भुला पाओगे
कभी,
चाहती तो बहुत थी
मैं भी,
भूल जाओ तुम मुझे
पर
मन पर कुछ ऐसा
असर हुआ,
इस अमिट प्रेम का
सम्बंध आत्मा तक
उतर गया,
भुलाने की बात तो
दूर की हुई
बिछुड़कर भी नहीं
बिछुड़ पाये।

*****

तेरी परवाह
करना मुझे
अच्छा लगा था

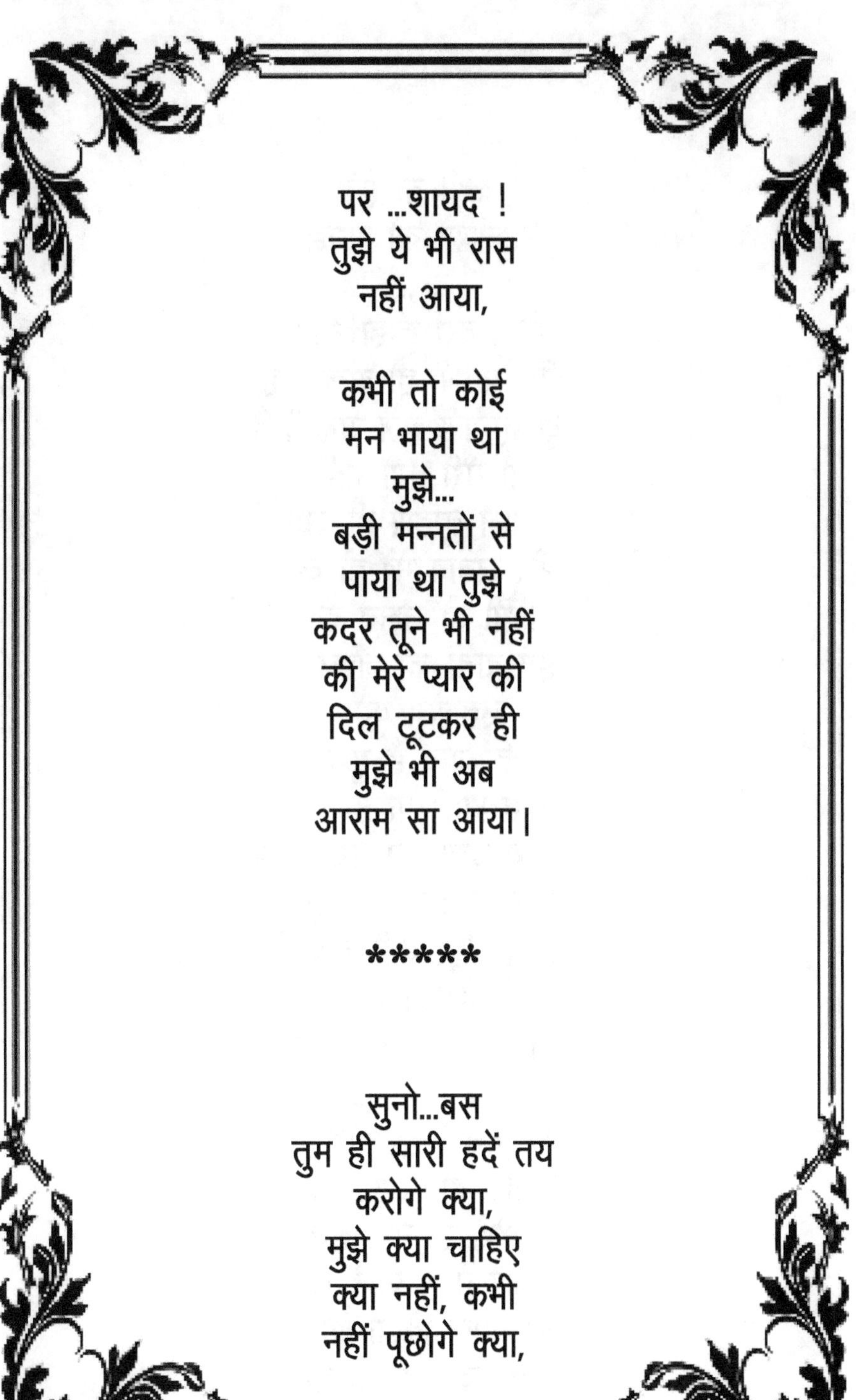

पर ...शायद !
तुझे ये भी रास
नहीं आया,

कभी तो कोई
मन भाया था
मुझे...
बड़ी मन्नतों से
पाया था तुझे
कदर तूने भी नहीं
की मेरे प्यार की
दिल टूटकर ही
मुझे भी अब
आराम सा आया।

*****

सुनो...बस
तुम ही सारी हदें तय
करोगे क्या,
मुझे क्या चाहिए
क्या नहीं, कभी
नहीं पूछोगे क्या,

कभी तो मेरे
अहसासों को समझा
करो,
जिद बस तुम्हारी ही
नहीं, मेरी भी हो सकती है,
जुबां तुम्हारी चल सकती है
तो मेरी क्यों नहीं,
सवाल तुम्हारे ही क्यों
और जवाब मेरे ही क्यों
कभी तो उलट कर
इन बातों को जहन में
उतारोगे क्या,
हां याद है मुझे
बहुत साल पहले बहुत
गौर से देखा था तुमने मुझे
मगर मैं हर दिन तुम्हें
बदलते हुए बड़ी गौर से
देखती हूँ,
सबका सलीका समझाते हो
हर दिन मुझे
क्यों देखते हो औरों को
मैं पास होकर भी इतनी
दूर कैसे हो गई, तुम्हारी
नज़र ने न जाने कब
नज़रअंदाज किया था मुझे,
एक ख्वाहिश थी मेरी

अब तुम
कभी मुझे भी सलीके से
देखा करोगे क्या,

मेरे चाहने या ना चाहने
से क्या होगा,
आजकल तुम कहीं और
मैं तुममें ही खोई रहती हूं
बस वही पुराने पन्ने पलटती
रहती हूं
शायद!
तुम ही किसी नए उपन्यास
में गुम हो
मैं सामने हूं पर तुम्हें अहसास
ही नहीं,
ना जाने कब अजनबी से हो
चले हम दोनों
देखें मगर कबतक
चाहत वही फिर से रंग
लाएगी क्या,
वही पुरानी चाहत जगाओगे क्या,
उम्र की ढलान पर
आ गई है ज़िंदगी
झुर्रियों से भरे है चेहरे
दोनों के
तुम्हें फुर्सत कहां इन्हें

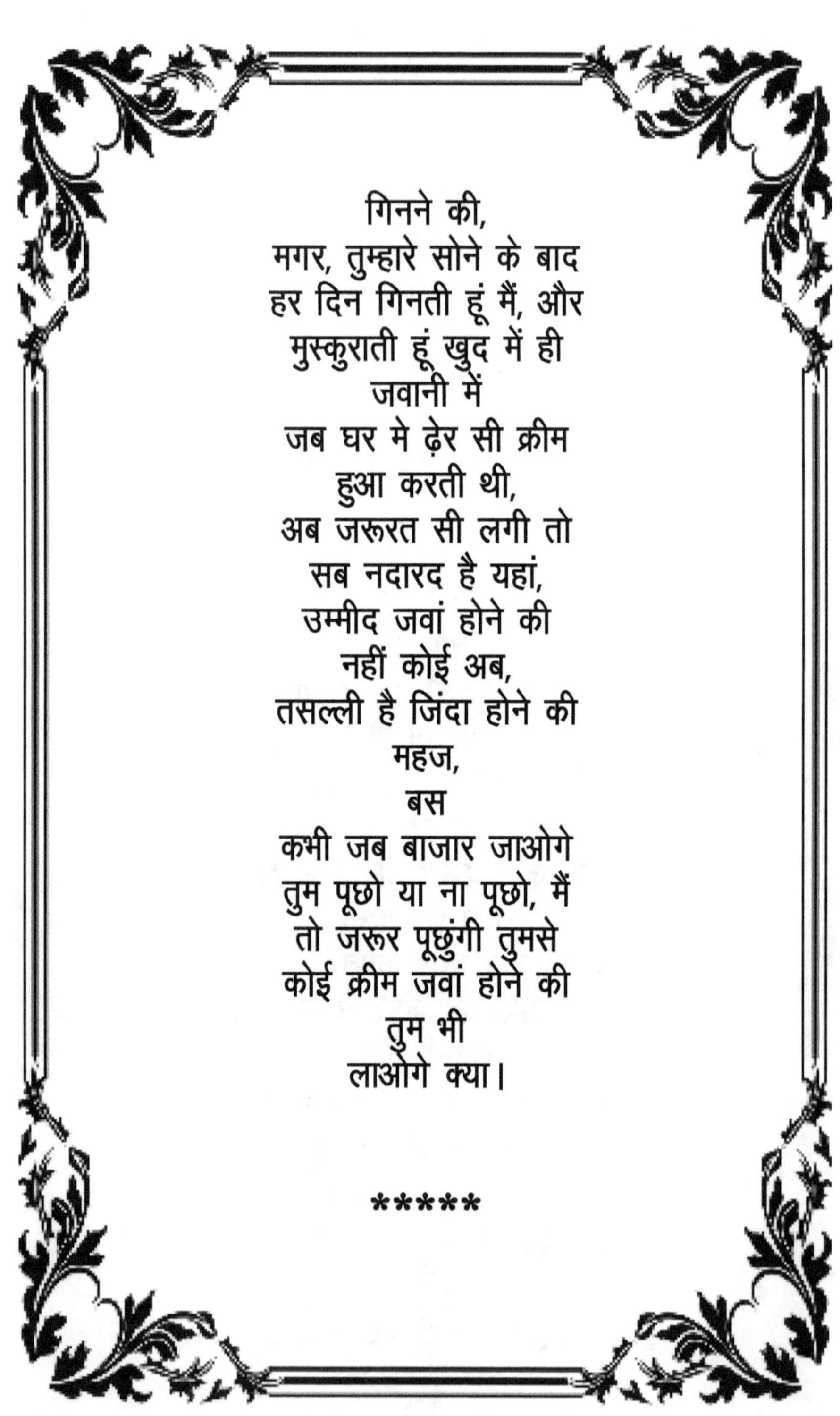

गिनने की,
मगर, तुम्हारे सोने के बाद
हर दिन गिनती हूं मैं, और
मुस्कुराती हूं खुद में ही
जवानी में
जब घर मे ढेर सी क्रीम
हुआ करती थी,
अब जरूरत सी लगी तो
सब नदारद है यहां,
उम्मीद जवां होने की
नहीं कोई अब,
तसल्ली है जिंदा होने की
महज,
बस
कभी जब बाजार जाओगे
तुम पूछो या ना पूछो, मैं
तो जरूर पूछुंगी तुमसे
कोई क्रीम जवां होने की
तुम भी
लाओगे क्या।

*****

रंग का क्या
वो तो उतर
ही जायेगा
एक दिन,
वो भी रंग ही
निकला
मगर कच्चा सा,
बस
मन उचाट सा हो
गया।

*****

धुंआ धुंआ सी ये ज़िंदगी,
यूंही, जिये जा रहे,
कल तक सब अपने,
आज क्यों लगते सपने,
देखो तो कंधों पर एक दूजे का
बोझ ढोये जा रहे,
एक अंतहीन सी कहानी है
जीवन की,
कल फिर कोई आएगा यहीं पर,
यूंही धुंआ धुंआ सा होने,
जलाकर फिर रीत निभाई जा रहे,
धुंआ धुंआ।

तलाश किसकी
करूँ मैं
वो कहीं गया ही
कब था,
बसा था मुझमें ही
तलाशना तो
बस इन आँखों का
धोखा था।

*****

शब्दों की पकड़...

स्वच्छंद
शब्दों को
समेटना हर
किसी के वश
में है कहाँ,
उनको पकड़ना
पड़ता है,
कलम से पन्नों
तक लाने के लिये
और घेरने की कला
हर किसी पर आती

भी कहाँ है,
ये शब्द है
जो रात दिन
हवाओं में तैरते हैं
इन्हें पकड़ना,
असम्भव है यहां।

*****

इश्किया गगरी
छलकत जाए
नारी दुलारी
उस पर भी जब हो
वो कुंवारी तो मटकत
मटकत जाए,
सर से चुनरिया
खिसकत खिसकत
जाए,
अखियां मुसाफिरों
की फिसलत फिसलत
जाए,
सरम लिहाज भी अब
बैरन हुई लागे
नैन मटक्का हुई हुई जाए

कहे सखियन टुहले मारके
ओ री बवरिया
राह सीधी ना
तोसे चली जाए,
काहे ना मारे कांकरी
लरकन,
जब लरकिया तिरछे
नैनों के तीर छोड़े जाए,
होरी का महीना मा
रंग भरे हाथों से
गोरी का मुख
रंगने में मजा बहुत ही आये।

*****

किसी ने देखा है
हवा का वजूद
बस महसूस ही
किया है, और
किया होगा,
कुछ...
हिलते हुए पत्तों में
चलते फिरते बादलों में
लहलहाते खेतों में

समंदर की लहरों में
किसी प्रेयसी के
लहराते हुए गेसुओं में
उसकी उड़ती चुनर में
बस यही है
इस हवा का
खूबसूरत वजूद
छू जाती है जो
ठंडक सी बन रूह
को हमारी,
घुल जाती हैं साँसों में
दिखायी नहीं देती
पर ज़िंदगी के लिये
अहम बहुत है,
इसके बिन जीवन
है कहाँ।

*****

पुरुष का
कर्तव्य
स्त्री को
कुएं में धकेलने
का नहीं

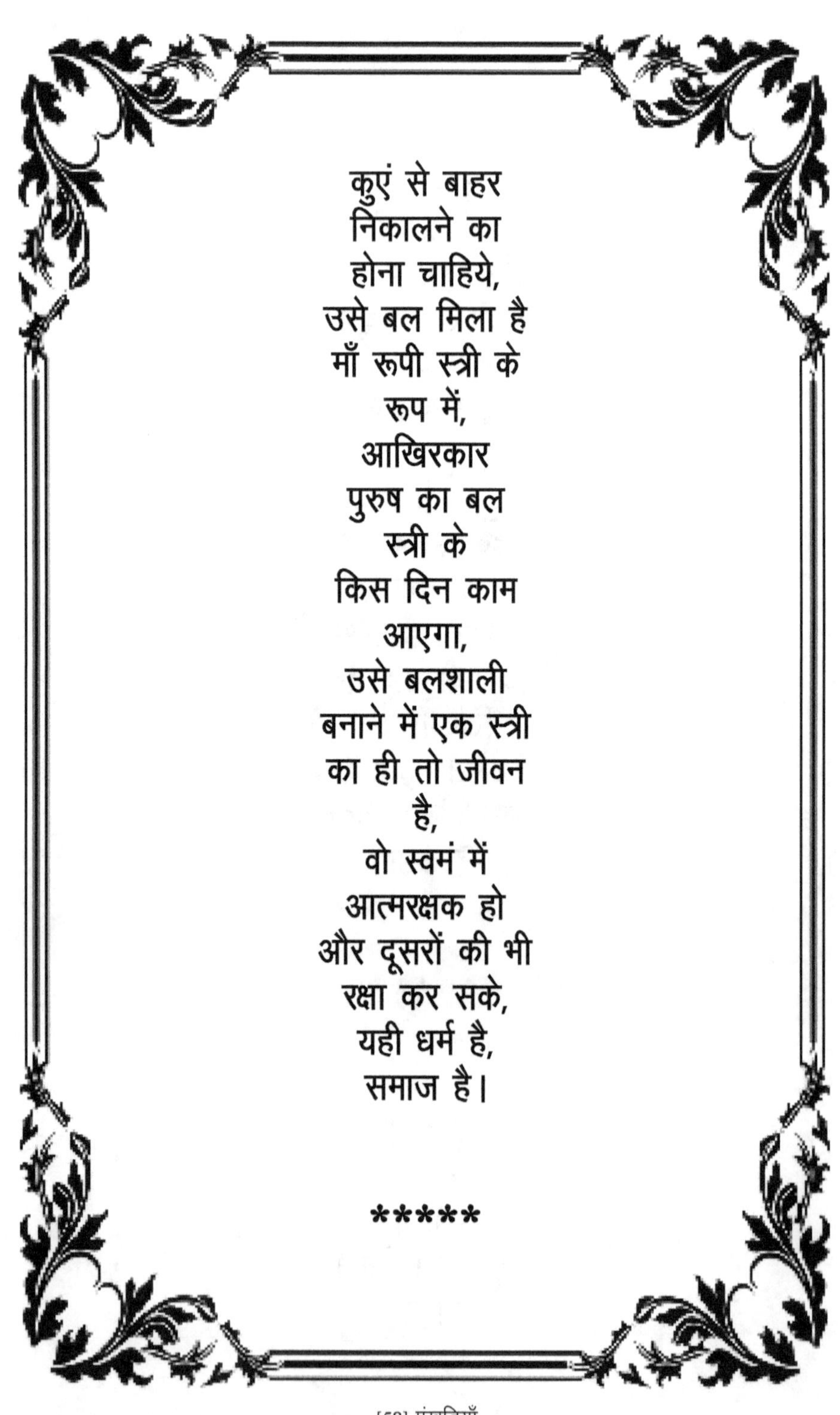

कुएं से बाहर
निकालने का
होना चाहिये,
उसे बल मिला है
माँ रूपी स्त्री के
रूप में,
आखिरकार
पुरुष का बल
स्त्री के
किस दिन काम
आएगा,
उसे बलशाली
बनाने में एक स्त्री
का ही तो जीवन
है,
वो स्वमं में
आत्मरक्षक हो
और दूसरों की भी
रक्षा कर सके,
यही धर्म है,
समाज है।

*****

यूँ ही, लोग
तोहमतें
लगाते रहेंगे
तुझ पर ए दिल,

निकल ले
ऐसे शहर से
चुपचाप,
इसी में भलाई
ठहरी है, ए दिल।

*****

सागर थे
तुम गहरे से
मैं छोटी सी
सीप पिया,
मुझमें
रोपा तुमने जो
था बीज पिया
मैं,
उसको बना के
मोती,
उपहार करूंगी
तुम्हें पिया।

उसने इश्क बोया है,
जरा सा इंतजार तो
करो, फसल पकने तक
बस ख्याल रहे
मौसम का।

*****

अर्ज किया है...
आओ ना
दोस्तों
दुआ सलाम करें,

यहां कोई
मुकम्मल सी
मुलाकात करें,

ढल ना जाये
कहीं ये रात
इससे पहले ज़िंदगी
अपने नाम करें,

गिले शिकवे

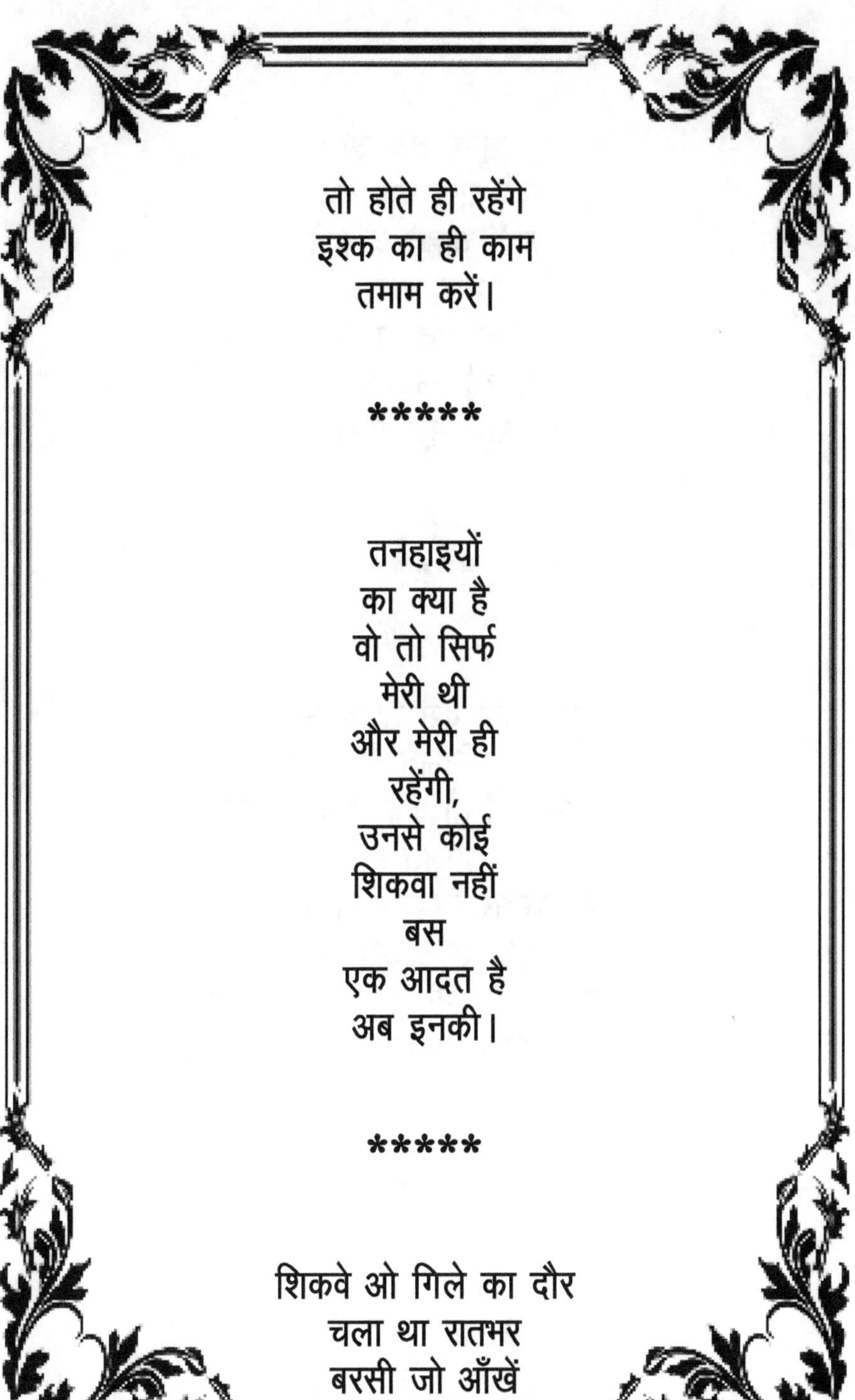

तो होते ही रहेंगे
इश्क का ही काम
तमाम करें।

*****

तनहाइयों
का क्या है
वो तो सिर्फ
मेरी थी
और मेरी ही
रहेंगी,
उनसे कोई
शिकवा नहीं
बस
एक आदत है
अब इनकी।

*****

शिकवे ओ गिले का दौर
चला था रातभर
बरसी जो आँखें

सुबह तक तो
सारे राज धुल गए...
नहीं चाहते थे उसे
भूल जाना,
मगर बात ही कुछ
यूँ हुई कि अब हम
उसे भूल गए।

*****

कंवल तो बस ख्वाबों में ही
खिलते हैं
हकीकत में तो अब तालाब कहाँ
मिलते हैं
कहीं तस्वीर देखकर ही लबों पर
मुस्कुराहट आती है
उसी पल ज़िंदगी में कोई, ख्वाहिश
सी जाग जाती हैं।

*****

उसकी पसंद की
दाद तो देनी होगी

वाहः वाहः
भी मुझे करनी होगी
वो ...
चाहता ही इतना है
मुझे...
कि उसके ख्यालों
की एक दुनिया
मुझे...
खुद में बसानी होगी।

*****

खुशी का
परिंदा
कब उड़ जाए
पता नहीं,
पर गम
का परिंदा
जो आया
तो कुछ दिन
ठहर कर ही
जाएगा।

*****

सच...
मोहब्बतें पूरी ही
कहां होती हैं,
तभी तो...
अधूरी सी
कहानियों के किस्से
भी अक्सर अधूरे ही
लिखे जाते हैं।
थोड़ा ठहरो...

रुको तो
चलो...
मेरे लिये ना
सही...
पर मौसम
रंगों का है,
उमंगों का है,
सुनो ना
बस अब
मना मत करना
थोड़ा सा ठहरने
में हरज क्या है,
बेईमानी मौसम
की है,
इसमें ...
मेरी गरज क्या है।
*****

उसकी पसंद की
दाद तो देनी होगी
वाहः वाहः
भी मुझे करनी होगी
वो ...
चाहता ही इतना है
मुझे...
कि उसके ख्यालों
की एक दुनिया
मुझे...
खुद में बसानी होगी।

*****

जब नज़र से
वो नज़र मिली थी
हुआ क्या था,
कुछ भी नहीं, बस
मिली और ठहर सी गई,
पर क्या जान लिया था,
कि वो किस किस से
मिलकर आई है,

उसने आज तलक किसके
सपने देखे थे,

वो जागी हुई सी नज़रें
खुद से नज़र चुराती हुई
सी नज़रें,
नीची सी नज़रें, वो गुनहगार
सी नज़रें,
कुछ नम सी और कुछ
गमगीन सी नज़रें,
कहीं कुछ खाली सी
तो कहीं, भरी सी नज़रें
नहीं बता पाएंगी, वो
शायद !
कुछ भी, क्योंकि वो नज़र
बस फिसली थी,
महज एक जिस्म पर,
जिस्मानी थी वो नज़रें
रूहानी नहीं थी वो नज़रें,
न जाने कितनों से मिलकर
मुझ तक पहुँची थीं
वो नज़रें...
तुम्हारी वो गिरी हुई नज़रें।

*****

हे, आसमां वाले
तेरा एक
टुकड़ा ही नज़र

आता है मुझे
इतने बड़े समंदर
के ऊपर,
जी लेती हूं
वहीं... तुझे
छोड़ आती हूं.
भूल जाती हूं.
घर आते आते,
मगर वही
अदना सा टुकड़ा
आ जाता है
साथ मेरे चलते चलते,
घर के आंगन से
झांकती हूं जब तुझे
हिस्सा बन गया है
शायद यही...ज़िंदगी है
तू ही साथ साथ है।

*****

उसने कहा था
कभी... सुनो
मैं बहुत अकेला हूं
मगर... मैंने नहीं

माना...
जब जब भी मैं
उसके सामने से
गुजरी...
तब तब...
उसकी निगाहें
मेरी तरफ उठीं,
और,
यही वो लम्हा था,
जब
जमाने भर की नज़र
उस पर ठहरी थी,
फिर वो अकेला
कैसे था।

*****

अकड़ किस बात की...
समय की दहलीज पर
खड़ा है हर कोई।

*****

कुछ पल अपने लिए
सिर्फ अपने लिए जिये

थोड़ा सा संजीदगी से
जहां मैं... और प्रकृति
वहां कोई नहीं...
कभी कभी ये मिलन
भी जरूरी है।

*****

जमाने भर की बात की
पहलू में बैठकर
ऐसा फिर क्या हुआ
जो मुझे ही भूल गए।

*****

शायद!
तसल्ली की है उसने
दर पर मेरे फिर हल्की सी
दस्तक दी है, उसने
अब वही दस्तक अनसुनी
की है मैंने।

*****

उन शायरों का क्या
जो लिखते हैं,

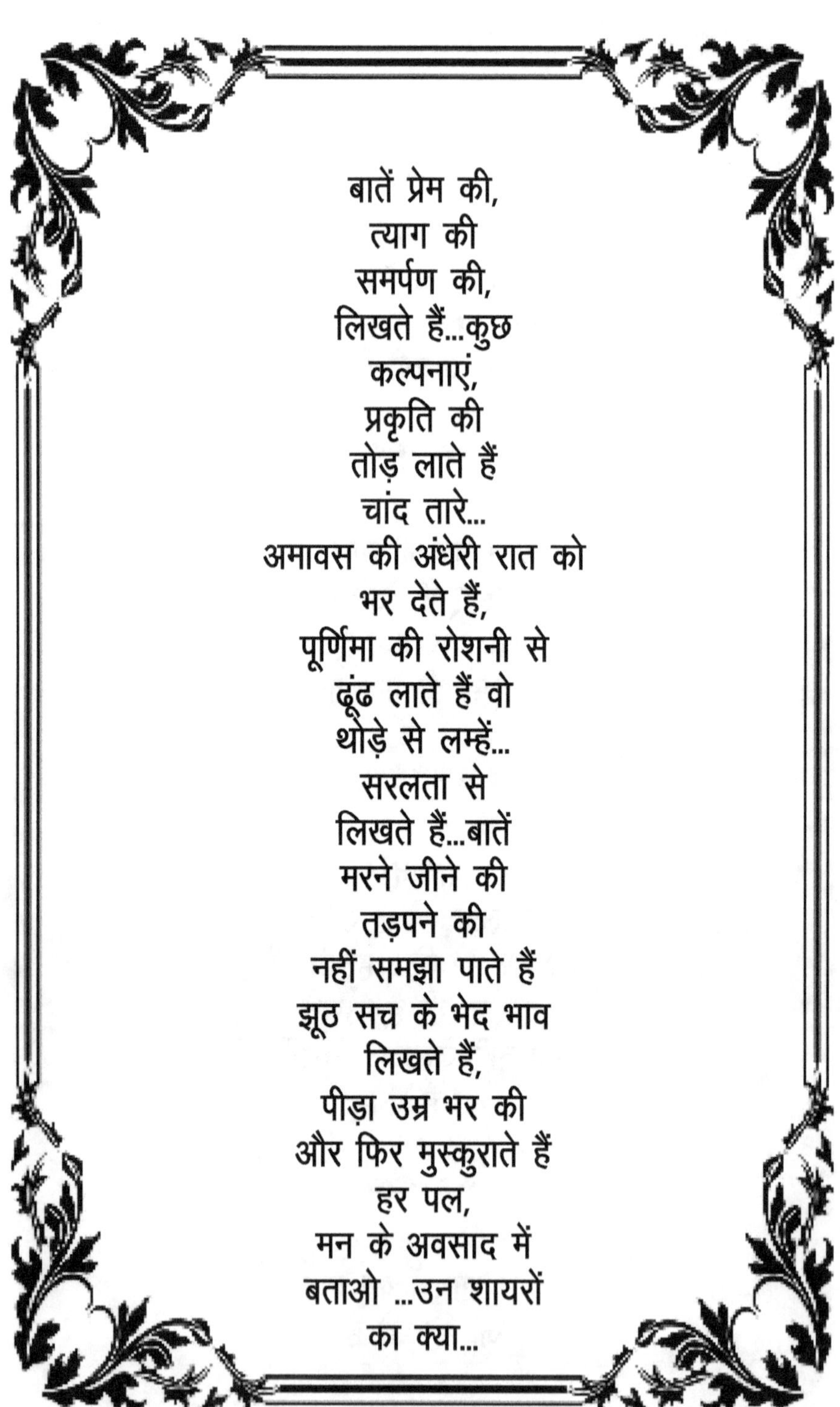

बातें प्रेम की,
त्याग की
समर्पण की,
लिखते हैं...कुछ
कल्पनाएं,
प्रकृति की
तोड़ लाते हैं
चांद तारे...
अमावस की अंधेरी रात को
भर देते हैं,
पूर्णिमा की रोशनी से
ढूंढ लाते हैं वो
थोड़े से लम्हें...
सरलता से
लिखते हैं...बातें
मरने जीने की
तड़पने की
नहीं समझा पाते हैं
झूठ सच के भेद भाव
लिखते हैं,
पीड़ा उम्र भर की
और फिर मुस्कुराते हैं
हर पल,
मन के अवसाद में
बताओ ...उन शायरों
का क्या...

जो बस लिखते हैं
सबको
नहीं लिख पाते हैं
तो बस खुद को।

*****

स्त्रियां सह जाती हैं
गलतियों को
कहना क्या, और
सुनना क्या
चुप रहकर ही
जीती हैं,
जिम्मेदारी के बोझ
तले...
निर्ममता से मसल
दी जाती हैं,
रह जाती हैं
सीमित से दायरों में
उफ्फ तक नहीं
आती है
उनके होंठो पर
ठहर जाती हैं वो
रीति रिवाजों में
ना जाने कितने
दंश...वार लेती हैं

अपने ऊपर
सभी सुख दुःख
पी जाती हैं
विष...अमृत समझकर।

*****

वो मिला भी और
मिला भी नहीं मुझे
नागवार गुजरा था
मिलन उसका
मैं, तन मन से ना जाने
कब हुई उसकी
पर वो कभी हुआ
नहीं मेरा था,
बस इत्तेफाकन
ही किसी मोड़ पर
वो मुस्कुराया था
और मुझे उस तक
जाना था।

*****

जादूगरी बहुत थी
उसके अंदाज में
मैं, समझ ही नहीं पाई थी,
जान कहकर

वो जान ही ले गया
और मैं,
संभल ही नहीं पाई थी,
उसकी आँखें गड़ गईं
थीं चेहरे पर मेरे
बोलकर भी नहीं बोली कुछ
जुबाँ मेरी तुतला सी गई थी
वो लेखक भी क्या
जो खुद को ही ना
लिख पाये,
नहीं देख पाये
कलम की धार को
और स्याही का
रंग लिखने से पहले
ही उड़ जाये,
बातों को अपनी
कविताओं के माध्यम
से हर किसी को कुछ
समझा ही ना पाये,
व्यर्थ का काम हुआ
औरों पर समय व्यतीत
करना,
व्यक्ति वही जो खुद को
लिख पाये।

*****

ज़िंदगी के खाते में
बहुत सी यादें पड़ी हैं,
खट्टी मीठी सी
ब्याज लग रहा है
दिन ब दिन उन पर
जो आखिर में मिलेगा
इसलिए अभी
मुझे जरूरत नहीं पड़ती है
उन्हें जाकर देखने की
वो सुरक्षित हैं वहां।

*****

गलतफहमियों से
रिश्ते टूट जाते हैं
हां, मालूम है हमें
फिर भी हम खुद
से ज्यादा भरोसा
इन गलतफहमियों
पर ही रखते हैं।

*****

माना कि, बंदिशों
में मुहब्बत नहीं
होती है,

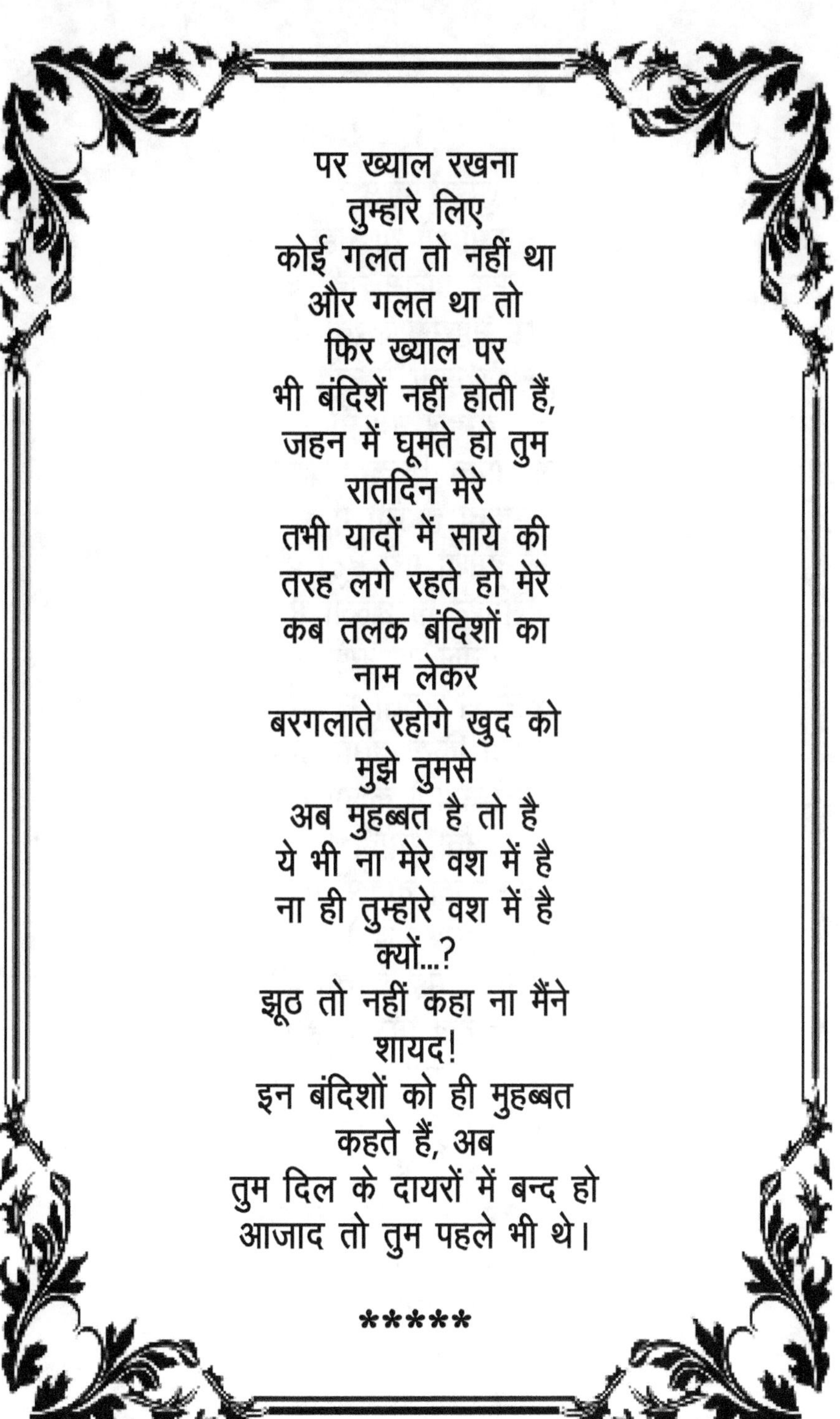
पर ख्याल रखना
तुम्हारे लिए
कोई गलत तो नहीं था
और गलत था तो
फिर ख्याल पर
भी बंदिशें नहीं होती हैं,
जहन में घूमते हो तुम
रातदिन मेरे
तभी यादों में साये की
तरह लगे रहते हो मेरे
कब तलक बंदिशों का
नाम लेकर
बरगलाते रहोगे खुद को
मुझे तुमसे
अब मुहब्बत है तो है
ये भी ना मेरे वश में है
ना ही तुम्हारे वश में है
क्यों...?
झूठ तो नहीं कहा ना मैंने
शायद!
इन बंदिशों को ही मुहब्बत
कहते हैं, अब
तुम दिल के दायरों में बन्द हो
आजाद तो तुम पहले भी थे।

*****

तुम्हारे पास मैं
कभी थी या नहीं
मुझे मालूम नहीं,
बस महसूस करती थी
तुम्हारी बातों में खुद को
तुम्हारे ख्यालों
में शायद !! कभी कभी
होती होउंगी मैं...
तुमने हमेशा मुझे ढूंढा होगा
सिगरेट के छल्लों में
टेबल पर रखी
चाय से उठती भांप में
महसूस किया होगा तुमने
मुझे अपनी कलम में
फैलती स्याही में,
कमरे की दीवारों पर
आँख गड़ाये,
ना जाने मुझे सोचने की
फुर्सत कब मिलती होगी
तुम्हारी ज़िंदगी में मेरे सिवा
और भी बहुत सी कहानियां
छुपी होंगी,
या फिर किसी और लड़की
की तुलना में,
मुस्कुराकर याद किया होगा,
जब तुम्हारे सभी दोस्त

अपनी अपनी प्रेम कथाएं
सुनाते होंगे तब,
मन झंकृत होता तो होगा
उदास मन से दूरियां
और दूर होती तो होंगी
इधर मेरे पास तुम्हारे
अलावा सोचने को कुछ
भी नहीं होता है,
हर पल यही सोचकर
गुजरता है कि
जो चीजे तुम्हारे पास है
उनमें से एक भी मेरे लिए
नहीं है,
ना सिगरेट ना चाय
जिनके धुंए में
तुम्हारा अक्स देख सकूं।

*****

सुनो ना...
कितना मन था मेरा
कि तुम मेरे हो
तुम्हारी हर चीज पर
बल्कि तुम्हारे अस्तित्व पर
मेरा सिर्फ मेरा ही
एकाधिकार है,

तुम्हारी हर बात ध्यान
से सुनूं
हर एक भावना को समझूँ
तुम्हें परखूँ
तुमसे जुड़े हुए हर किस्से
को तरजीह दूँ
तुम्हारी खूबियों को देखूं
तुम्हारी हर गलती को
अनदेखा करूँ
तुमसे जुड़कर तुम्हारे
अस्तित्व को निखारूँ
तुम्हारी कलम के अंदाज
से बिखरी स्याही में खुद को
उतारूँ,
तुममें झाँककर, आईने को
नज़रंदाज करूं
तुम्हारे अकेलेपन की साथी
बनकर...अपनी बातों से
तुम्हें चहकाउं...
देखो ना कितनी उम्मीदें थी
मेरी...तुमसे
पर सुनो ना...
कुछ बातें कुछ अहसास
सिर्फ पन्नों के लिए ही बने
होते हैं,
उनमें सच्चाई के रंग भरना

उतना ही कठिन होता है
जितना तुमसे मेरा मिलना
कठिन है,
काल्पनिक है,
बस यहीं तक का सफर तय था
चलो अब मोड़ आ गया है
मुझे मुड़ना है,
तुम अपना ख्याल रखना।

*****

विश्वास के टूट जाने पर
रह जाता है, ये
प्रेम कपड़ा एक
चिथड़ा बनकर
ना ही सिला जाता है
ना ही कोई मरम्मत
होती है, इसकी
बस फिर व्यर्थ की चीज
समझकर फेंक
दिया जाता है
अपने मन से बाहर कहीं
दूर निर्जन स्थान पर
नहीं दिखे फिर कहीं
उसका कोई अस्तित्व
मिटा दिया जाता है उसे

अपनी अंतरात्मा से
सदैव के लिए।

*****

सुकोमल सुकुमारी
लाडली बिटिया
धीरे धीरे बड़ी हो
रही है,
नरम सी गोल मटोल
फूलों सी महकती है
घर की हर दिशा में
चहकती है,
गोद से उतरकर आंगन
को टटोलती है
पिता के साये में पलती
हुई...मुस्कुराती है
धूप छांव से बचते हुए
माँ के आंचल में
छुप छुप जाती है
भैया से गलबहियां
कर उसको बहुत हँसाती है
वो प्यारी सी गुड़िया अब
बड़ी हो रही है
घर के पुरुषों के बीच वो
स्नेह और अपनापन ढूंढती है

माँ कहती है कि खूब लाड़ लड़ाओ इसे
ना जाने कब तब कैसा कोई
अंजान मिलेगा इसे
सिमटकर सीमाओं में रह जायेगी ये।

*****

गालियों का शोर जुबाँ
पर रखने वाले भी
बधाई दिए जाते हैं
महिला दिवस की,
किसने कहा कि हम
सभ्य हो गए,
लूट रहे हैं, जो इज्जत
महिलाओं की
वही सफेदपोश बजा रहे
घण्टियाँ मंदिरों की
द्रौपदी बनाई है, ऐसे ही
पुरुषों ने यहां
सभी तो सभा में बिसात
बिछाए बैठे हैं
आँखों पर पट्टी बांधकर
अनदेखी करते हैं
पर दिख रहा सब कुछ है
शकुनि जैसी कुटिल
चालों से चारों ओर अंधेरे

छाए हैं,
नहीं आएगा अब कोई कृष्ण
यहां
कोई गीता का ज्ञान नहीं
कलियुग का नाम देकर,
लोगों ने धर्म की चादर के
चिथड़े उड़ाए हैं
उसे कभी इस बेवफा की
वफाई पर भी बड़ा नाज था
ना जाने आजकल वो किसके
दिल में आशियाँ बना बैठा है
जब देखो मेरी ही कमियां
गिनाता रहता है,
कसर कब छोड़ी उसने मेरे लिए
जिससे वफा की उम्मीदें जोड़ी थी
वही ज़िंदगी के जज्बातों से खेल गया
तोड़ गया अरमान सभी
अपने मन के मेल किसी ओर
से मिलाता रहा,
कहा था, मैंने उससे कभी
सही ना लगे तो दिल मोड़ लेना
अपना चुपचाप से
सरेआम तमाशा ठीक नहीं
यूं लिख लिखकर मेरी
बदनामी से मिलेगा तुझे
आराम नहीं...जैसे हमेशा

मैं, निभाती रही तुझसे, सदा
ऐसे ही तू किसी ओर से
निभाता रहा,
हद हुई कि...
फिर भी तू मेरी ही कमियां
गिनाता रहा।

*****

हे इंसान... तुझे
चैन कहां...
माँ की गोद से उतरकर
इस धरा पर पैर रखते ही
तू अभिमानी सा लगने लगा,
धरती के इस कंपन को
अनदेखी कर, पांव धरा
पर धरने लगा,
अपमान, सम्मान का अंतर
समझा ही कब तू
अपनी समझ से जीवन को
मोड़ने लगा,
झूठ सच की नाव में सवार हो
संसार के समंदर में गोते जब
लगाए तूने...
अपने को सिकंदर तू समझने लगा
भेदभाव के भंवर में ऐसा फंसा

नीचता के दलदल में उतरने लगा
सही क्या गलत क्या, समझ से
परे हो, चीर हरण करने लगा,
सम्बंधों की बात छोड़ दे, यहां
तू अपनों का ही खून करने लगा
पता तो तुझे भी है यही
कि खाली हाथ आया है खाली
हाथ जाएगा, फिर भी तू
झोली अपने कफन की भरने लगा
दे जाएगा धोखा एक दिन ईश्वर
भी तुझे...जब जाएगा इस दुनियां से
यही सोच परिवार तेरा...तेरे लिए
नयन भिगोने लगा।

*****

बेफिक्र सी हो गई है ज़िंदगी मेरी
ना ख्याल अब किसी का
ना ही उदास है ज़िंदगी मेरी,

किसी से गिला–शिकवा अब नहीं
दिल गम से दूर है
मुस्कुरा कर ऐसे ही जीनी है
मुझे ये ज़िंदगी मेरी,

बस, सफर है ये एक...अकेला सा
कोई बात नहीं...
गुजरता रहेगा वक्त यूंही...
जब तलक साथ है ज़िंदगीं मेरी।

*****

प्रकृति ने बीज रोपा
इस धरा पर,
फला फूला वृक्ष बना
समय परिवर्तन हुआ
दशा बदली,
प्राकृतिक अवस्थाओं से
निकलते हुए,
नरम सी कोंपलों का जन्म
हुआ,
इसी अंतराल में नन्हीं नन्हीं
कलियों ने नयना खोले
सकुचाई सी कलियां
कुछ चटककर खिलीं
रंगों से भरपूर हँसी खिलखलाई...
जन्म हुआ नई नवेली प्रकृति का
आकाश एवं धरा ने दी बधाई
समयानुसार बीज पनपा
छिटककर आ गया धरा पर
धरा ने की उसकी अगुवाई।

*****

स्त्रियों को इस समाज की
जरूरत कितनी है
वैसे तो... वो अपने से ही
रचती है, इस संस्था को
स्त्री ने बनाये हैं रीति रिवाज
संस्कार, अपनी सीमाएं
अपनी ही परवरिश से रोपा है
समाज जैसी संस्था को
जन्म देती है वो एक प्राणी को
छुपकर...क्या डरती है वो या फिर
लाज है उसे किसी की
क्यों अंतः वस्त्र छुपाती है अपने
क्यों...छुप जाती है, सभी से
उन मासिकधर्म के दिनों में
सभी मर्यादाएं स्त्री के लिए क्यों...
दैविक प्रार्थनाएं करते हुए पुरुष
क्यों उसकी बागडोर उसे नहीं
थमाते हैं...
उसी के कारण जन्म लेते हुए
पुरुष भूल जाते हैं स्त्री का महत्व
क्यों अपने मन की मनमानी करते हैं
क्यों छली जाती है अपने आप से
स्त्रियां... क्यों नहीं रोक पाती हैं
पुरुष की आँखों से बहती हुई उस
अविरल, अविराम, बलात्कारी भावना को
क्यों तार तार टूट जाती है वो

सर्वस्व न्योछावर कर देती है
अस्तित्व अपना,
स्वतंत्र क्यों नहीं है स्त्री... क्यों
केवल पुरुषों पर आधारित रहती है
चाहकर भी नहीं है स्वतंत्र
लगता है कि... पुरुषों की कामुकता
स्त्रियों पर भारी है,
इसे वर्चस्ववादी पुरुष कभी समझ
नहीं पायेगा...
स्त्रियां सदैव अपना अस्तित्व मिटाकर
पुरुषों को यूंही...बलशाली समझकर
बल देती रहेगी...
अपने को ममतामयी बनाकर
प्रकट करती रहेगी, घर मे खपकर
केवल मंदिर पूजती रहेगी

*****

हमसे बेहतर तो मिल ही
जायेगा कोई तुम्हें,
पर खुदा करे सुकूँ तुम्हें
पलभर ना मिले।

*****

आत्माविहीन शरीर
क्या समझेगा किसी की
भावनाओं को

वो तो मुर्दा ठहरा।

*****

कुछ एहसास फूलों के
जैसे होते हैं,
और उम्र फूलों की
बहुत कम होती है।

*****

काशी नगरी चल पथिक...
जीवन संघर्ष देख ले
गंगा किनारे बैठकर
अपने को टटोल ले
बहता जल और जलती
अग्नि का मिश्रण देख ले
देह जले जहां मन जले
उन घाटों पर अपने को
तोल ले,
एक ही राह में जहां मिले
अर्थी और डोली...
उस काशी में डोल ले
मणिकर्णिका घाट पर
बिखरी हुई राख में
कोई चिंगारी ढूंढ ले
घाटों की इस नगरी में
जय महादेव बोल ले।

*****